U0015385

iPEC與PCC專業認證教練
蜜雪兒·提利斯·萊德曼
Michelle Tillis Lederman——著
黃庭敏——譯

人脈從建立好感開始

The 11 Laws of Likability

Relationship Networking . . .
Because People Do Business with
People They Like

從形象、肢體語言到聊天技巧，
11項人際連結金律，
財星500大企業都在用

致我的家人，

麥可、詹姆斯和諾亞，

你們是我心的歸屬、我的微笑、我的世界

目錄

PART II

建立：務必要交流

PART III

經營：建立長久連結

前言

讓好感，成為你的人脈優勢

我以前自以為了解關於人與人交流和建立關係的大部分知識，但是有一天，我的信念完全被顛覆了，事情發生於我在紐約大學教課的時候。這堂課是組織溝通，專為商學院二年級學生所開設。在這門課中，學生學習有效溝通的策略方法。儘管我們在這學期提到的主題範圍很廣，從了解聽眾，到製作口頭和書面簡報，但是我最重要的訊息始終如一：你必須為每次溝通立定目標。我告訴我的學生，如果你沒有想好意圖，那你就是在浪費自己的時間和聽眾的耐心。我一有機會就把這個訊息灌輸給他們。

有一天，我問我的學生：「你們認為我這個學期的目標是什麼？我的意圖是什麼？」有一名坐在前排的年輕人踴躍地舉起了手，他帶著燦爛的笑容說：「妳想讓我們喜歡妳！」

他的評論讓我嚇了一跳，我一副若無其事的樣子，很快回答：「不是，這不是我的意圖。」我嗤之以鼻地說，「我真的不在乎你們喜不喜歡我。」不過，後來回想起這件事，我意識到我的反應是在矇騙別人，我確實希望他們喜歡我。我當然希望被喜歡，誰不想？

最讓我困擾的是，我對學生評論的反應過於嚴厲和粗魯，而這是因為他準確的評論讓我感到彆扭。即使我願意承認我想被人喜歡，我當然也不想讓學生知道這一點。在我心中，想要被人喜歡的人太依賴別人和軟弱，這樣不是很討人喜歡。

直到現在，我還不確定那名學生的評論是自作聰明，還是真心的。但無論如何，都對我產生了深刻的影響。這讓我開始思考好感的問題，不僅僅是我們為什麼想被人喜歡，而是為什麼我們應該要被人喜歡。那次課堂事件改變了我的研究方向、我的教學和輔導方式，以及我自己經營人脈和打好關係的方法。現在我把重點放在「好感」的重要性，包含如何討人喜歡，怎麼喜歡自己，從而喜歡我們所遇到的人。

許多人脈專家敦促人們要有策略和計畫，甚至到了過頭的地步。他們把重點放在如何在社交場合中與人交談閒聊，以及怎麼接觸到關鍵人物。另一方面，與人會面和擴展人脈感覺就像是苦差事，尤其如果你覺得這是非做不可、而不是**想**做的事時，根本很難激勵自己去做，更不用說做得好了。

其實，與許多人脈經營專家建議的相反，每次互動不一定要有意圖或特定目標（雖然我過去也以為要有目標）。我們不需要把重點精準放在從對話中得到好處，因為建立關係不是在交易，而是交心。這是在為坦承和真心的互動創造機會，並為所有參與者帶來益處，重要的是大家互相喜歡。

博取好感並不意味著讓一切變得活潑、正向，一直很愉快的樣子。在某些方面，情況正好相反。善用好感是要在你身上、在對方身上，以及在你們的人脈連結中，發掘真正討人喜歡的特質。只有透過真心誠意帶來的力量，才能建立起有意義的人脈連結。而**拓展人脈**這個詞，單純是如何展開人際關係的另一種說法，因為我們的人際關係就是我們的人脈。無論是職場上，還是個人生活中的人際關係，人際關係都是支持我們、促成彼此連結，並讓我們在生活的各個層面上進步的因素。

為了充分發揮好感的力量，我們需要了解它是什麼，以及它如何運作。顯然，每個人都是不同的，這是值得慶祝和欣然接受的事實，我們討人喜歡的原因截然不同。但對所有人來說，討人喜歡的基本推動因素是一樣的，我把它們稱為**提升好感的十一條法則**。本書深入研究了這些「法則」，加以細分，以了解它們在商業和社會環境中的作用，以及如何將它們完全融入我們的生活當中。

這種新模式以好感為基礎來經營人脈和建立關係，將不真誠的時刻和錯失的機會降至最低。我會說明如何發現自己天生討人喜歡之處，以及如何與你遇到的人分享這些特質，以建立誠實和真實的關係，從而為所有參與者帶來雙贏的局面。從讓人喜歡的角度來思考你與人的互動，你可以期待在建立有意義的關係時，會更快樂、更自在、更成功。

即使是那些可以自在地接觸新朋友、展開對話或請求協助的人，也會因為改變了傳統的建立人脈思維而獲益。事實上，拓展你對人脈經營的看法，並欣然接受提升好感的原則，可以為你開闢全新的道路，與人們建立人脈連結，經營深厚的關係。

要建立富有成效和持久的關係，第一步是放棄傳統以「我」為中心的想法，這種想法在職場上非常普遍，而且很容易滲入個人生活中。然而，請從「這個人能為我做什麼？」轉換成「我能為這個人做什麼？」同樣的，要從「我能從這種情況中得到什麼好處？」變成「這種情況怎樣對大家都有好處？」

你必須改變你的想法：

‧從「我」到「他們」。

‧從「工作」到「任何話題」。

‧從「現在」到「長遠來看」。

因為這才是「建立有意義的人脈」的真諦：**重點不在於你，而在於你的人際關係。**

Likability

PART I

認識

對話前展現本色

我爸以前總是對我和姊姊說，「世界是一面鏡子。」小時候，我會重複這句話，但我從來沒有真正想過他的用意。直到有一天，他讓我站在一面鏡子前說：「笑一個。」我照做了，鏡子裡的人也回笑。他說：「擺出生氣的樣子。」我給了鏡子裡的女孩兇惡的表情，她也用兇惡的表情回應。接著他讓我坐下來，解釋了這個例子：你向世界呈現什麼樣子，世界就會向你呈現什麼樣子。你散發出什麼能量，就會從世界收到相應的能量。你分享什麼樣的想法，就會聽到什麼樣的想法。這句話非常真實，我後來意識到有一百萬種說法在表達同樣的道理：「種什麼因，得什麼果」、「種瓜得瓜，種豆得豆」、「善有善報，惡有惡報」，而我最喜歡的說法是，「出來混總是要還的。」

多年來，這個概念對我來說已經非常清楚具體。我完成學業，並開始經營自己的事業時，我更是清楚明白，「世界是一面鏡子」這句話如何體現在生活中。我注意到，無論是與新客戶、還是老同事合作，我所帶來的能量都深深地影響了工作的情況。如果我當天心情不好，工作的情況會不順暢。假如我覺得有信心，並且應付自如，就會有積極和豐碩的工作成果。無論何時，我的態度（包含我的想法、我對情況的假設、我的行為），都會影響其他人對我的第一印象，因為他們是這樣形成對我的觀感，從而影響著我們之間的人脈連結。我愈是了解自己的情緒，就愈能確保在不同的情況下，流露出真實的自我，並且能夠在必要時調整自己的行為，以最有效的方式與人溝通。

歸根究柢，這說明了什麼？其實，早在你跟對方見面之前，就要為「建立有意義的人脈連結和發展關係」做點什麼了。總的來說，第一部分的四章內容，旨在促進我們對「真實的自己」與「自我價值」的認識。簡而言之，就是我們**讓人有好感**的部分，並且發現我們在社交場合散發的能量，是如何影響他人對自己的印象，以及牽動我們建立重要人脈連結的能力。了解這些事情，是讓別人對我們有好感的第一步。無論對方是認識多年的友人，還是初次見面的新朋友，一旦我們認清自己給人好感的地方，就可以加以利用，與生活中的人建立持久、正向的人脈連結。

1

眞誠法則

「做真實的自己。只有你不懼怕評判，或未被外界擺布，不聽憑別人說你應該成為什麼樣的人，這時才是你真實的自我。」

——心理學家和電視節目主持人菲爾．麥格勞博士（Dr. Phil McGraw）

山繆是紐約市一家著名博物館的中階管理人員。他參加了我舉辦為期一天的自信研討會，課程期間他很少發言，倒是做了大量的筆記。在一天的課程結束時，他遲疑不敢向前，等到其他人離開後，才走到我面前。身為博物館開發團隊的一員，他需要參加各種晚宴、會議和商務及社交活動，而且他最近才剛被升到開發團隊，對此他覺得很挫折。

他說了自己對博物館的目標，很明顯看出他對工作的熱情，所以他透露他在考慮辭職時，我很震驚。他覺得自己拓展人脈的能力笨拙，會害了博物館，因此他不適合這份工作。我照著直覺跟他說，他可以克服拓展人脈的恐懼，而我的話似乎鼓舞了他。為了制定計畫來幫他應付這些挑戰，我需要看到他的行為表現，才能更了解他擔憂的地方，所以他邀請我參加即將在博物館舉行的募款活動，這樣我可以親自評估他的臨場應對方式。我接受了這個提議。

我剛到活動現場，就聽到一陣刺耳的笑聲。我轉身想知道是誰發出的聲音，結果驚訝地發現是山繆。我簡直不敢相信，我剛剛聽到刺耳、惹人生厭的聲音，竟然來自幾天前和我交談過的那個文質彬彬的人。

晚上時間一分一秒地過去，山繆的臉上一直掛著生硬的笑容。他三不五時地引起我的注意，並抬起眉頭，表示他正在「與人們互動」。但到了很晚活動結束時，他卻因為費盡心力，看起來疲憊不堪，而這正是問題所在：他一直在「努力」，就像在**努力表現**，而不僅僅是在場參與、交談、傾聽和分享。

後來我們談到那天晚上的事時，他得知我看穿了他的笑容，他雖然不訝異，卻也感到很沮喪。他解釋，「但我很努力地投入，想表現得像我這個職位的成功人士。」

「我知道。」我回應，「問題就在這裡。」

事實上，只有我們從真實、真心的角度出發，我們與人產生連結的努力才會充分發揮作用，人際關係才會發展得更容易和持久，也才會感覺與生活和工作遇到的人相處得更融洽。

我曾投入時間指導學生準備最基本的職場互動，也就是工作面試。我記得我一次又一次地看著我的學生拉吉，他在處理這項任務時，人都僵住了。他是冷面笑匠，可以在閒談中輕鬆地聊天，但只要我們開始模擬面試，他的個性就會消失。我試著分散他的注意力，讓他不要察覺到，但只要他意識到我在提出面試的問題，他就變得僵硬、制式，而且非常、非常嚴肅，甚至他的用字遣詞也發生了變化。

我花費極大心力讓他牢記、而他最終也明白的是，與人互動的方式沒有對錯之分，沒有正確的「參與」方式。對你來說正確的方式，可能對別人來說是完全錯誤的。最重要的是，哪種是感覺適合**你**的方式。隨著拉吉在模擬面試中開始做自己，他就能夠更靈活地思考，更快地做出反應，而且基本上變得更有魅力，他給人的好感也就顯現出來了。

真實的你，就是最好的你

真實的自己是什麼意思？當然，每個人的具體情況都不同，因為我們都有不同的態度、行為、信念、技能、知識、目標和價值觀。但是綜合來講，以真誠示人對每個人都是一樣的，重點在於做真實的自己。這就是**真誠法則**，真實的你就是最好的你。

做真實的自己感覺很自然，甚至身處其中也不自覺。反之，我們偽裝自己時，心裡都有數。我們會感到不自在、彆扭，甚至沒有自信和有壓力，而且，一旦我們覺得不是在做真正的自己，就會感到枯竭。注意，疲累和枯竭是有區別的，疲累是生理狀態。但是，你在做感覺不太對勁、不真實的事情時，那種枯竭、空虛的感覺來自於強迫自己耗費心力，用對你來說不自然的方式行事。

那麼，如果我們不做自己，腦海裡會浮現什麼想法？多年來，我問過很多人這個問題，最常見的答案是：

- 我不喜歡當時的情況，但我試著要有禮貌。
- 我不喜歡對方，但我試著舉止合宜。
- 我需要表現得更像成功人士。
- 如果別人沒有積極地回應我，起碼我還有「我表現得不像自己」這個藉口。
- 我很不自在，不知道該怎麼辦。

上述反應有什麼共通之處？它們要不代表我們認為自己**應該**做的事情，要不然就代表整體上感到害怕、覺得自己脆弱。無論出於何種原因，如果我們害怕某種情況，或覺得自己不能勝任，我們就會戴著面具示人。

真誠示人不僅是第一章的主題，也是本書的指導原則。你在閱讀其他章節時，你會發現真誠示人已融入在其他法則中。這是提升好感的基石，因為它體現了好感的本質：真實的你就是最好的你，這是建立人脈連結的最強大法寶。

實踐心法

找出常駐認知，做真實的自己

若要明確辨識，何謂做真實的自己，請注意你與新結識的人在互動開始和結束時的感受。

- 如果你感到恐懼，請停下來問問自己：究竟是什麼引起了恐懼。是人、眼前的任務，還是環境？
- 如果你感到自在，請再次問自己：這環境到底是怎麼讓我感到放鬆的？

無論你對所處情況的心理反應是什麼，都要分析這些反應的內容，以及為什麼你會有這些反應。從你的答案應該可以看出，是哪些經歷促使你不敢真誠示人，以及是哪些經歷讓你覺得可以輕鬆呈現真實面貌。把那些你自然而然感覺是正確和真實的感知，作為你的「常駐」認知。在你需要重新找回真誠示人對你的意義時，請回顧這種常駐認知。

用真誠，催化關係成長

讓我們回到山繆的身上。他第一次和我談起博物館的募款工作和背後的擴展計畫時，他發自內心、直率地傳達了他的興奮之情，他的真誠確實讓我感動。但幾天後，我在實際的博物館活動中看到他時，從他僵硬的笑容和像狗在吠的笑聲中可以一眼看出，這種場合有種說不出來的地方讓他非常彆扭。結果，他對工作的真正熱情和對博物館的投入，並沒有傳達給他需要接觸的人，也就是潛在的捐款人。

真誠示人就是呈現出原本的你、你如實的反應和渾然天成的活力。展現真實的你，是與他人建立真誠關係的關鍵。一旦你展現真實的自我，人們也會真誠以待，進而為互相理解、建立人脈和促進關係成長，奠定基礎。

「做自己」的人脈哲學

真誠法則的優點在於簡明易懂：不用費勁，只要做自己。當然，要真心接受這個簡單的道理，說起來容易做起來難。在現今步調快速的生活中，人們往往會不假思索地快快打發各種交際場合，因此我們甚至可能不知道，自己什麼時候是展現本色，什麼時候是在假裝。即使我們意識到自己在假裝，自以為裝出來的樣子比真正感受到的樣子「更好」，或者在交際場合，漫不經心，因為我們認為自己沒有時間放慢速度、全神貫注，這時要阻止這些行為恐怕很難。但訣竅在於，不要試圖成為你認為自己「應該」成為的那種人，不管是忙得沒空處理小事的老闆，還是覺得有所顧忌，不敢發表意見，在底下默默順從的新員工。停止監控或預先策畫你的行為。**不要想，只管做自己**。

在我難得閒暇之時，我有個很庸俗的樂趣，就是看真人實境秀，其中很多情節描述參賽者不同性格之間的本能較勁，我覺得看這些劇情發展很有趣。如果我去探究自己為什麼支持某些參賽者，而不是其他參賽者，答案總是一樣的：吸引我的那些人表現真實。在節目中，有一位參賽者說話像連珠炮，這個特點有時會讓人討厭。她知道自己有這個特質，並試圖控制，但最終她都免不了會興奮地喋喋不休。儘管其他參賽者受不了她聒噪不已，但因為這是她的本性，她接受了這個特質，並幽默以對，這是她真正吸引人的地方。在另一個節目中，有一個漂亮的女孩，起初她看起來像是高傲的冰山美人，顯然是遭人嫉妒和目光的焦點，會使團體分裂。然而，事實證明，她根本就傻乎乎的。她讓自己的傻裡傻氣自然流露出來，而且完全無所謂，最重要的是，她對自己的美貌不以為意，這樣的特質讓她非常討人喜歡。

我把山繆在博物館活動中沒有做自己的情況，解釋給他聽，之後我繼續指導他在面對類似情況時，如何辨識自己的弱點，發揮個人優勢。我們進行了很有用的練習，思考為什麼小孩經常可以不去審視自己的行為，讓他們的真實自我自然地呈現出來。我跟他說了我朋友的故事，這位朋友曾是小學校長，她頂著一頭非常不自然的紅髮。而她總能知道小孩對她髮型的看法，因為他們會脫口而出，「我喜歡妳的新髮色，它和我的雨衣顏色很搭！」或者，他們會說，「妳為什麼把頭髮弄成**那樣**？」每次她說這些故事時，她都會對小孩赤裸裸的真心話感到佩服。

當然，山繆和我的目標不是要表現出童心未泯的誠實，比如他看到博物館贊助人戴著古怪帽子就得捧腹大笑，但我們**試著**重拾孩提時代無拘無束的經歷，那時我們還沒成為大人，還不會揣摩外界需求來改變自己。我們試圖回想尚未成年時，那個沒有負擔和無憂無慮的時光，那時我們的情緒、意圖和行為在很大程度上不受外界左右。

等到山繆能夠重新連結上讓他自然感到輕鬆自在的事物，他便意識到，儘管他對身處在一大群人中感到恐懼，害怕需要成為聚會的主角，但他可以一對一，或在非常小的團體中與人完全自在的對談。在這種情況下，他可以很容易地與贊助人和潛在贊助人，就博物館議題進行有意義的討論。

實踐心法

我在做我自己嗎？

若遇到讓你感到不自在或格格不入的場合，用一點時間問問自己：我在做我自己嗎？如果「是」，那就太棒了，繼續與人交流。有時候，會感覺格格不入，只是意味著你需要重新調整注意力，用真心再次與人交流。而這個場合會讓你覺得不自在，可能是因為你在積極地鞭策自己要有好表現。在這樣的情況下，感覺不自在也是你真誠的反應。

但是，如果你對這個問題的回答是「不是」，那麼你的下一個問題就是：「為什麼？」

- 你是因為認定自己應該要怎樣表現，才使勁地改變自己的行為嗎？
- 是否有什麼特別的原因，讓你在該場合感到緊張、自己不夠好或措手不及？

深呼吸，重新連結上感覺是你的本色和率真的部分。問問自己，

「最壞的情況是什麼？」你會發現，通常答案並沒有那麼糟糕。提醒自己，你可以為該場合做出貢獻。無論結果如何，傳達真實的自己會讓你感覺踏實。

建立你想建立的人脈

在我上商學院的第一天，我和我的同學共六十五人被分組，即所謂的分群。同一群的成員在第一年都一起上課，所以自然形成了派系。

我加入的這群由幾個小團體組成，小團體則依地理背景、家中經濟狀況或理想的生涯目標等共同點來畫分。我發現自己參與最多的兩個小團體，各以一個波士頓人和一個布魯克林人為中心。波士頓組穿著Polo衫和卡其褲，他們的舉止和談吐比較優雅和正式，似乎享受著上流人士的生活，也有廣大的社交和商業人脈。而布魯克林組則由狄恩為代表，他們顯然不是那麼斯文，但他們引以為豪。他們的成長條件不如波士頓組優渥，而且說話嗓門大、吵吵鬧鬧的，經常用搞笑低俗的方式，互開玩笑。

這兩組人馬之間有明顯的差異，但他們都對我很友善。我喜歡這兩個圈子的人，並且大可以向其中一個圈子靠攏。也許，如果我只考慮哪個團體可以「對我有更多好處」，我會以打進上流、多金的團體為目標。我可能會接觸到非常有用的人脈（而且我肯定會受邀到漢普頓參加很棒的度假活動），但是這個團體的優雅氣質不太符合我的本性。我和波士頓的人混在一起時，我好像必須約束自己喧鬧、外向的天性，所以我與那群人的關係有點勉強和脆弱。但與布魯克林團體相處時，我變得更自在、更快樂、更放鬆。我仍然認為波士頓團體裡很多人是朋友，但是，我與布魯克林團體的關係變得更加穩固，單純是因為我可以做自己。

最初與狄恩那群布魯克林人相處時，除了友誼和共同興趣之外，我並沒有圖其他的東西，但當時建立的關係為我往後的生活和工作增色不少。幾年後，我打電話給狄恩，告訴他我被解僱時，我是以朋友的身分與他聯絡。我沒有期待他會回答「來我公司上班」，然而就在打了那通電話後不到一週，我竟然就去上班了。布魯克林團體的人不僅僅是朋友而已，無論是從工作、還是個人的角度，他們已經成為我的重要客戶、同行、推薦人和資訊來源。但與他們成為朋友時，我並沒有想到會有這些結果。

所以，重點是：培養你想擁有、而不是你認為**應該**有的人脈連結。根據你真實的相處體驗，與自己喜歡的人建立關係。也就是說，只要你是真實的**你**，其餘的都將水到渠成，你打造的人脈將會支援你。

實踐心法

執行、轉念或刪除

只要你做出想做的選擇，而不是應該做的選擇，你就會讓真實的自我浮現。這不僅僅是選擇你想要參與的場合，還關乎隨著狀況的發

展，決定如何表現。

我們對每種場合都有四種基本態度，可以再次確認怎樣是我們的真實表現，或者幫助我們重新調整做法，讓我們真誠示人。

有機會做：做這些事時，你會真心感到雀躍和興奮，且變得機靈。

想要做：這些是你自由選擇去做的事情，即使選擇和實現這些事情並不容易。

必須做：就算你感到害怕，這些是你必須要去做的事情。

應該做：社會、公司等外部力量似乎認為，做這些事情對你有好處，即使你可能同意這些想法，但這類事情並不是你想要做的，而是你覺得有義務這樣做。

為了測試這些態度，從你的待辦事項或行事曆即將到來的事件中，選擇一件事情，然後不假思索地快速記下，最符合你對該項任務的態度，是有機會做、想要做、必須做，還是應該做。你會很驚訝地發現，這個簡單的測試會透露出很多訊息。例如，如果你即將受邀到當地的高中演講，你是「我**有機會**向四百名活潑的青少年演講」，還是「我**必須**向四百名喧鬧的青少年演講」。同樣的場合，截然不同的態度。一旦你知道你的態度是什麼，你就可以考慮你的選擇，並決定怎樣去做。

選項一：執行

如果你的態度是「有機會做」或「想要做」，那麼選擇去做就很容易。假如你的態度是「必須做」或「應該做」，但只要任務夠重要，即使心不甘情不願，你恐怕仍得設法完成。在這種情況下，請找出方法來完成任務，讓你忠於自己。在山繆的例子中，他不僅要參加募款活動，還要與來賓交談，不管這讓他多麼不自在，這是他工作的關鍵一環。但是，他沒有試著成為派對的主角，也沒有給自己強加不自然的角色，而是選擇與一小群的人交談，這種方法讓他更自在，也更能發揮自己。他接受了一項「必須」的工作，並找到了方法，在保持真誠和真實的情況下，完成任務。

選項二：轉念

有時候，從新的角度來接受並處理「必須做」或「應該做」的任務，是有可能的，而且威力強大，確實會改變你看待事情的方式。例如，如果山繆最初對宴會的態度是，「我必須參加募款活動，並與來賓交談」，他可以轉個念，把事情想成：「我想告訴人們博物館計畫好了的精彩事情。」換個念頭來看待困難或可怕的場合，把注意力集中在讓你愉快和充滿活力的項目，將它重新塑造為「有機會做」或「想要做」。

選項三：刪除

對於你不想做的事情，並不一定可以直接「刪除」。有些事情必須完成，在這種情況下，你需要盡可能鎮定地去做這些事情。但是，在你認命地忍受每一個「必須做」或「應該做」的任務之前，請好好地再看一下這些事情。通常，我們已經對「必須做」或「應該做」的心態深信不疑，以至於我們的思維受到了支配，蒙蔽了真我，最終到了屈服於壓力的地步。但是，如果你發現「必須做」或「應該做」的任務其實並不必要，而且完成那些事只是做做樣子，那麼就把任務從你的清單中刪除。如果你不能用真誠和正向的能量來接受任務，代表你沒有充分利用你的時間或能力。

內向者的優勢

內向者通常認為，外向者在培養人脈連結和建立關係方面，做起來更得心應手。然而，一般的外向者可能不會同意、或不同意這種觀點。外向者根本不會這麼想，因為外向者常常忙著做自己，才不會停下來分析自己在做什麼。與內向者認定的相反，外向者其實也面臨著建立人脈連結的挑戰（這個話題在第三章有更詳細的討論）。

但就目前而言，內向者應該知道，他們也能在商業和社交場合中感到完全自在，而且內向也可以是優勢。內向者天生具備建立人脈的能力，因為他們往往是很好的傾聽者。如果你是內向的人，關鍵是聽從自己的節奏。不要試圖模仿你愛交際的同事，反而要注意什麼情況能使**你**感到自在。比方說，與人閒聊了一整晚後，你會感到疲倦嗎？要提前離席也可以，與你需要交流的人交談過後，就可以在聚會結束之前離開。或者，你參與一群人的談話時，是否偏好聽別人說話，只有在你有話要說時才開口？當然可以，就這麼做吧，完全沒問題。只要**你**覺得是真誠和真實的行為，都是沒問題的。

我的朋友茱莉個性內向，平時很害羞。她有男朋友，也很喜歡對方，男方邀她去和他的父母見面吃飯時，她告訴我，她表面上微笑著接受邀請，但內心卻七上八下。「我要如何熬過這頓晚餐？」她問我，「我應該怎麼做？」而我回答：「做妳自己怎麼樣？」她看著我，好像我是個怪胎。顯然，她覺得在那種場合無法坦然做自己。她擔心自己達不到他父母的期望，也不知道如何表現得像個完美的女朋友。我說：「如果妳想不吭聲，等著別人開始談話，那就等吧，妳可以這麼做的。」她的眼中閃過一絲光芒，彷彿突然明白她可以允許自己做自己。

後來我關切她的情況，我問她晚餐進行得如何。「其實還不錯。」她平靜地說道，「我們可能沒有在第一次見面時，就變得超級親密。但我並沒有因為害羞而覺得自己是個白痴。老實說，這對我而言是意外的發現。我領悟到，害羞沒什麼大不了的。我不必費力去掩飾，我可以接受自己害羞，在新的環境中也撐得住，即使那仍然會讓我有點不自在。」

討厭之前，先找出優點

有時候，出於某些原因，我們要與自己不喜歡的人打交道。在職場之外，事情可以直接處理，因為通常你要做的是盡量減少與那個人接觸。但是，在職場中，這可能是很大的挑戰。面對難相處的同事，你如何化解衝突，讓交流變得有意義？

對我來說，這些問題在打考績時，往往最為棘手。在我的職涯中，幾乎我一管理部下，我就意識到，有時候我必須考核那些因為表現不佳而激怒我的麻煩同事，或者評核讓我吃足苦頭的不善交際同事，因為他們糟糕的社交技巧，使其他人很難與他們共事。但是我要用什麼樣的方式，來評估他們的表現，才能改善而非損害工作的環境？

我的第一份全職工作是在會計師事務所。在我工作的第二年，我管理了一個稽核團隊，其中有名年輕人叫凱文，他老是搞不清楚狀況。但專案的要求非常嚴格，而且時間緊迫，因此每個人務必都得發揮最佳表現。儘管如此，在每一輪工作結束時，都會有許多工作被凱文搞砸，然後其他人必須花費大量額外的時間來替他收拾善後。當然了，這讓我非常受挫。

在稽核專案結束時，我必須對凱文打考績。我對他給大家造成的額外工作感到很生氣，但我不能在績效評估中對他懷恨在心，因為那樣顯示出糟糕的管理能力，而且對情況也不會有正向的影響。

那麼，我做了什麼？經過一番掙扎和失眠幾夜之後，我終於找出他好的一面。我對凱文這個難題絞盡腦汁，並意識到儘管他確實有缺點，但說實話，他也有非常棒的優點。他每天來辦公室都笑臉迎人，更是我們當中與客戶關係最融洽的。如果需要獲取資訊，凱文總是能第一個拿到手。所以我在考核凱文的時候，同時考慮了他表現的優點和缺點，而且我們能夠誠實地討論這些內容。

透過這次開誠布公的對話，我們察覺到他目前的工作也有些不適合他，所以我們設計了一個工作計畫，讓他繼續留在公司，但調去更適任的部門接受訓練。我們開始了這個計畫，他的事業也迅速發展。這對我來說是莫大的寶貴經驗，讓我了解到，展現本色的其中一個關鍵，是保持開放的心態，尋找讓別人也能展現本色的事情。儘管我最初會抗拒和懷疑，我還是找到了方法，來明白凱文的真實價值和優點，這對我們雙方都有好處。

實踐心法　如何與不喜歡的人相處？

有時，我們必須與自己可能不喜歡的人打交道，這時我們的直覺反應恐怕是試著隱藏真實的感受，但心裡卻在生悶氣，覺得對方很討厭。當然，問題是，要隱藏我們的真實感受就得偽裝，而且多半這種行為很容易被識穿。拜託！在與難相處的點頭之交或同事打交道時，不要強顏歡笑。但也不要為了掩飾你的不悅，說些動聽而虛假的話，更不要因為有人讓你心煩，就不去理睬。

相反的，找出對方好的一面！雖然面對與自己性格相反的人往往會讓人感到不舒服，但話說回來，遇到太相似的人也會讓我們退縮。重點是，這兩種情況都創造了很好的機會，讓我們去欣賞自己和周圍的人。

- 有些人的優點可能是你的弱點，你能認同和理解他嗎？
- 有些人向你點出你不想面對的事情，你能認同和理解他嗎？
- 同樣重要的是，不管是哪一種情況，你能認同和理解自己嗎？

用不帶偏見的眼光，看看那個惹你生氣的人，找出你欣賞或感激的地方。而辨識出這些特質，也會改變你對那個人的感受。此外，從真誠的角度出發，你們的談話可以變得自在，肢體語言也能更放鬆。你不需要和對方成為摯友，但也沒必要一意孤行，造成不好或更糟的局面。一旦你把注意力集中在真心欣賞他人，他們給人的好感，以及你給別人的好感，自然都會增加。

拓展人脈，從展現本色做起

「展現本色」並不代表你可以粗魯、令人討厭或舉止不妥。這意味著順應並展現你的真實自我，這樣其他人也能與你變得熱絡。這也意味著傾聽內心的聲音，並注意最初的心理反應。這更意味著要面對令人卻步、不自在或棘手的情況，要設法忠於自己，用投入的心態來處理。例如，是否有你害怕的社交活動，但你又覺得應該參加？如果這是你應該做、但不一定要做的事，請刪掉吧，讓自己可以脫身。但假如你必須參加，請轉個念，讓你用自己的方式參加，把活動轉變成你想要做、或樂意去做的事情。想想山繆的情況：他在募款活動中，把重心放在與一小群人交談，重新看待讓他害怕的困境，這樣他不僅為自己打造感覺更自然的環境，還創造了真正交流的機會。

展現本色會讓你達成自己需要和想要的目標，踏上與他人建立富含意義和深刻人脈連結的道路。

要點整理

真誠法則：真實的你，就是最好的你。

做自己：無論是通宵派對或先行離席，還是擔任全場焦點或待在小團體中，只要**你**的感覺對了，那就是最「正確」的選擇。另一方面，順應內心最真實的感受行事，其他人自然也會給予正向回應。

建立你想建立的人脈：最穩健的人脈連結，是那些你真心在意的人際關係。

執行、轉念或刪除：了解你的選擇，並調整態度來呈現最真實的自己。從「必須做」或「應該做」的事情中，找出意義感，進而把它們轉化為你「有機會做」或「想要做」的事情。換句話說，在你所處的情況中，尋找自己較能接受且感覺踏實的事情。如果「必須做」或「應該做」的事情非當務之急，不妨先刪除它們，決定權在你手上！

討厭之前，先找出優點：碰到棘手的情況或難以相處的對象時，盡量找出其中的優點或好處，讓互動更有成效和正向。

2

自我形象法則

「自我概念是一個人個性的核心，會影響行為的各個方面，包含：學習能力、成長和改變的潛能。而穩健、正向的自我形象，為成功做了最好的準備。」

——心理學家喬伊絲．布拉德斯博士（Dr. Joyce Brothers）

在我擔任職場教練的時候，一位名叫珊蒂的特別客戶，讓我印象深刻。當然，她的故事細節很獨特，但她對職業生活的恐懼卻很有代表性，顯示出許多客戶常見的顧慮和掙扎。尤其是那些因為經濟不景氣，在中年必須轉型，或離開工作崗位多年後需重返職場的人。

珊蒂是個聰明、有魅力、受過大學教育的女人，我開始輔導她時，她才五十歲出頭。在過去的二十年中，她大部分時間都住在中西部的小鎮，養育四個孩子，而她的先生從孩子出生前就一直在做同樣的工作。直到先生被解僱後，珊蒂意識到，這是她近二十年來第一次需要重返職場。

她害羞地走進我的辦公室，等我說請坐後，她才坐下來。我伸手去拿她的履歷表時，她的表情摻雜了恐懼和絕望，只有一絲絲的希望。我簡直可以聽到她在想什麼：我是注定失敗的人，也許妳可以挽救我。

我們才談了一會兒，她就脫口而出：「我有大學學位，但距離我出去上班已經隔了好多年，現在我都五十幾歲了。」這句話像是在懺悔，又像是在道歉。她解釋說，在孩子出生之前，她曾在大型非營利組織擔任服務專員，但現在她覺得自己在職場毫無技能可言。我們繼續談話的同時，她的肢體語言和語氣，甚至比她的用詞更能透露出她對自己的感受。她緊繃地坐在椅子上，好像擔心自己坐到太多空間，而且她很難與我保持眼神交流。她的聲音壓得很小聲，聽起來很無奈，但我聽到的是珊蒂心裡大聲而清晰的尖叫：「我不配，我不夠好，其他人都比我更厲害。」

我意識到她糟糕的自我形象一定會影響她的求職表現，於是我說：「忘了妳沒做過的事情吧，談談妳做過的事情。」她在座位上動了一下，稍微坐直了一些，然後開始講她參與小孩學校的事情。她談到了自己在家長會的工作，以及她為自己幾個小孩的班級聯絡家長。可以很明顯看出她對這些工作感到自豪，她提到她從未錯過任何比賽或舞蹈表演時，還眉開眼笑的。而她描述自己如何熟練地協調家人的行程，確保每個人總是準時參與活動時，整個人充滿活力。不過，每講完一件事，她都會澆熄我的熱忱，說「這哪有什麼」，或「唉呦，當媽的都是在做這些事啦」之類的回答，來淡化她的貢獻。

有時跟她很難有所進展，因為珊蒂對自己的職場價值缺乏信心，這一點根深蒂固，但她對輔導的過程很投入。我們慢慢、確實地概述了她在過去幾十年中培養的技能，該如何應用於職場。她開始明白，而且更重要的是，相信自己的價值。

我在一流的商學院授課，而我努力向學生灌輸一些關鍵原則，其中最主要的是「印象就是事實」。我知道這句格言可能聽起來很老套，但道理很實在。如果你認為其他人給你的印象就是真實的他，那麼你對自己的認知，就是實際的你。你對自己的長處、短處、知識和技能的看法，就是你向外界傳遞的訊息。

幾年前，我有一個名叫戴夫的MBA在職專班學生，他的正職工作是稅務主管。每次課堂簡報時，戴夫總是熱情地支持他的同學，即使對方的簡報內容並不出色，他也會指出好的一面。但是換他上台簡報時，戴夫盡是嚴厲的自我批評。在其餘的課程作業方面，他都很出色，但在發表小組簡報時，卻會頻頻出錯。他一味地認為自己做不好。

好消息是，因為我們對自己的印象形成我們認知的事實，所以我們有能力以正向的方式來改變這些印象。對戴夫來說，看了幾段自己上台簡報的影片後，他才明白自己看起來並沒有像他感覺上那麼緊張。之後，我收到了戴夫的電子郵件，他興高采烈地說，他在緊要關頭，必須代替資深同事向重要客戶進行簡報。他去開會時非常緊張，但他努力準備，並以自信的態度發表簡報，給客戶和老闆留下了深刻的印象。「我一直記得在妳的課堂上發表簡報時，我有多緊張。但我在鏡頭前看起來和聽起來都還不錯，這就是我得以順利完成的原因。」他在信中還補充說，「我竟然還記得要微笑。」戴夫改變了對自己的認知，而有了正向自我形象的引導，讓他能在關鍵場合建立穩健人脈，順利與人交流。

首先，喜歡自己

為了能真誠地建立富有意義的人脈連結，你必須表現出真實自己的最好部分。換句話說，在你期望別人喜歡你之前，**你**必須喜歡自己，這就是**自我形象法則**。很多人都知道自己基本上有哪些優點，往往也可以在許多場合散發出自信。但即使是最有自信的人，也會有自我懷疑的時候，訣竅是學習如何克服心魔。我認識的一位高階主管向我透露，他花了很多年才覺得自己真的夠格和「大咖」共事。他回憶說，隨著他的職位愈來愈高，他經常坐在會議上，環顧四周，心想，「哇，我的同事真的是他們領域中的佼佼者，我可以和他們一樣好嗎？」但他每次都把這些自我懷疑的時刻當作挑戰，重新評估自己的價值，找出他知道自己**能**對公司做的貢獻，藉此來加強自己的自我形象，而不是去想他無法做的事情。久而久之，他訓練自己體認到自身價值。後來憑藉正向的自我形象，他的事業蒸蒸日上。

許多人對自己比對別人更嚴格，我們會認為，對他人刻薄、心胸狹窄或批判是不對的，那麼為什麼我們會對自己這樣做？印象就是事實，自我形象就是自我認知。我們不去聯繫潛在客戶，因為假設對方有更好的選擇，或者不會換廠商。我們不追求新的職位，因為假設還有其他更厲害的人選。這些時候，我們是在把負面的假設確認為事實。因此，一旦你發現自己開始自我懷疑或自我糟蹋，你需要問自己，「我覺得自己不夠好，真的是這樣嗎？我真的就簽不到客戶，真的就得不到工作嗎？」如果你回答「不是這樣的」，那麼你需要改變你的認知。

負面的自我認知有毒

珊蒂在上我的輔導課程之前，她申請了幾份工作，但連第一輪的面試機會都沒有。得知這個情況後，我很沮喪，但並不驚訝。畢竟，如果你不相信自己的資格和價值，別人更不可能相信你。

負面的自我認知會對我們的生產力與決定，產生不良的影響，甚至在極端情況下，還會影響到健康。那麼，為什麼我們會抱持負面的自我認知？事實上，沉溺於這種思考模式通常會有些用途，這可能是出於本能，要保護自己免於失敗或避免重蹈覆轍，希望不要因為破壞了現狀，威脅到我們周圍的人。雖然膽怯退縮可能會讓我們有安全感，但也意味著犧牲成長的空間，限制我們的成就。然而，建立正向的自我形象並不意味著消除所有疑慮，然後達到完美。自信來自於管理自我懷疑，接受我們正在努力改善自己不完美的事實，甚至欣賞這些不完美，也能使我們更加獨特和討人喜歡。

有一次我在坐地鐵的時候，有一個二十多歲、身材非常豐滿的女人和我在同一個車廂。我瞥見了她，被她那驚世駭俗的服裝給嚇了一跳。她看起來像一九七〇年代的迪斯可女王，穿著低胸藍綠色上衣、金色尖頭高跟鞋和誇大的首飾。我的第一個想法是，「她在**想什麼**啊？」但後來我看了看她的臉，突然間，這套衣服看起來很迷人。她站在那裡扶著欄杆，自信而平靜，眼中閃爍著光芒，顯示她知道自己看起來好看，而且確實如此。她對自己的皮膚、肚子上的贅肉和所有一切都感到非常自在，她向全世界展示了她認為自己是辣媽。而且，她**的確**是個辣媽。我們認為自己是什麼樣的人，就會是什麼樣的人。

發現隱藏版的自己

在我們正忙著進行職業輔導課程的時候，我曾一度打斷珊蒂，直截了當地問她：「那妳擅長什麼？」她面無表情地看著我，什麼也沒說，接下來的談話如下：

我：我敢說，妳很有責任感。

珊蒂（猶豫不決）：嗯，當然了，如果妳要我做什麼事，我就會去做。我會按時做到。

我：好，太好了，妳有責任感。妳也這麼認為，對吧？（**她點點頭。**）現在讓我們再找一個描述妳的詞，告訴我其他妳擅長的事情。

珊蒂（想了一會兒，然後勉強地說）：這個嘛，我很有條理。我向來都知道東西擺在哪裡，朋友經常請我幫他們設計收納櫃。（**她看著我把「有條理」加到愈來愈長的清單上。**）我真的很擅長那些事情，妳應該看看我的檔案櫃！

我（看著職位說明，並尋找另一個詞）：妳會形容自己是個有策略的人嗎？

珊蒂（猶豫了一下，翻了個白眼）：絕對不會！

我：好吧。等等，妳是怎麼定義「有策略」的？

珊蒂（聳聳肩）：不知道耶，我想像的畫面，是某個坐在辦公桌後面的執行長，要做出重大的公司決策。

我：那麼，妳會把「有策略」定義為，做出影響他人生活重要決定的人嗎？這不就是妳每天為家人所做的事情嗎？

這時，珊蒂漸漸明白我的意思。然後，她告訴我，她如何幫女兒選擇大學，並評估了做出這樣人生重大決定背後的無數因素，以及她如何幫女兒申請獎學金，最終使她能夠就讀第一志願。講到最後，她笑了起來，因為她恍然大悟這一切的重要性，然後我們在敘述清單上加了「有策略」。

大多數人並不會一心想貶低自己。但珊蒂的負面自我形象真的嚴重到很誇張，不過正因為如此，從她身上非常明顯地看出，一旦負面的自我認知開始轉變為正向的自我認知時，會出現什麼樣的變化。隨著我們的談話繼續進行下去，珊蒂想出了愈來愈多的詞，她覺得這些詞能真實地描述她，而她這樣做時，整個人的氣場都發生了變化，她不再無精打采地坐著，不會聳著肩膀，整個身體向內縮起來。她挑出可以接受的詞來描述自己時，整個人充滿活力。簡而言之，她在決定描述她的詞彙。

實踐心法　三步驟，選出你的形容詞

這個練習的重點，是找出最能定義你的詞彙。最終選出的形容自己優點的詞不僅是真實的，而且是你可以真正相信的。步驟如下：

一、**隨意地寫**。拿一支筆和一張紙，花五分鐘寫下所有你能想到形容自己的正向形容詞，然後想想你如何顯露或體現這些特質。不要審視自己，也不要停筆，只要一直寫即可。如果你卡住了，就重寫你已經寫下的字。重點是，廣泛收集詞彙。不要只注意你的工作特質，還要關注你生活的各個方面。比方說，你指導的足球隊孩子在球場上搞砸時，他們是否總是來找你，因為他們知道從你這邊會得到支持和鼓勵？你的朋友會不會請你幫忙修理家裡的東西，因為知道你不僅會修，而且會向他們解釋如何修，不會讓他們覺得自己很笨？想到什麼全部寫下來。時間到時，放下筆，讀你寫的東西。然後再讀一遍。

二、**尋求別人的回饋**。我們常常看不出自己最好的特質，即使這些特質對周遭人來說顯而易見。因此，請別人來描述你，藉此來收集資料。除了點頭之交外，還要選擇熟識你的人。試著問以下問題，或提出你自己想問的問題：

- 你會怎樣形容我？
- 你認為我最好的特質和優點是什麼？

- 如果你只能選擇一個正向的詞來定義我，會是什麼詞？

如果你不想問開放式的問題，也可以自述特質，看對方同不同意。假如你覺得有任何回答不清楚或讓你訝異，請要求對方說明：為什麼選擇這個詞來形容你？對方能否舉例說明，你在什麼時候體現那個詞，或表現出那樣的特質？請確定你了解回饋的依據，而且要讓你覺得信服。

我有客戶接到這項任務時，決定也去詢問與他處不來的人。他這麼做的理由是，「如果他們能說出我的優點，那麼我肯定真的具備這種特質。」假如有人給他的回饋意見完全不會打動他，那他就想想消息來源，不予理會，然後可以釋懷。這個耐人尋味的策略值得參考。

三、**從中選擇**。對照從他人那裡得來的回饋，再看看你自己寫下的內容，然後選擇最讓你有所感觸的詞彙。你剛剛選擇了形容你的詞彙，而且那些都是真的。

與自己對話，但要溫柔

我們都會對自己說話。如果我們不斷告訴自己某件事情，最終會開始這麼認為。這是非常重要的事實，所以心理學家為此提出了臨床術語：自我對話。事實證明，這個概念在運動心理學領域特別有用。許多研究一再表明，自我對話是正面還是負面，和運動員的表現有很大的關係。眾所周知，在遇到障礙時，會自然而然地產生負面的自我對話，而職業運動員也不例外。但是，學習把這些苛刻的想法轉化為自我鼓勵和正向的自我對話，是一流運動員成功的關鍵。

在一項運動醫學研究中，丹尼爾．古德（Daniel Gould）、肯尼斯．霍吉

（Kenneth Hodge）、珂絲坦・彼得森（Kirsten Peterson）和約翰・吉安尼（John Giannini）顯示，成功的教練是怎樣教運動員建立自信，把有害的自我批評，轉化為給予力量的自我信心，來為比賽做好準備。[1]在另一項重要研究中，瓊安・范恩博士（Dr. Joan A. Finn）說明正向的自我對話會減少焦慮、增強信心和提升表現。[2]

一旦「我不擅長那個」、「我沒有才華」、「這太難了，我做不到」和「如果我去嘗試的話，會看起來很可笑」等想法在你腦海中無限循環，這些想法就會變成事實。而且其他人也會接收到，跟著相信你對自己的預測和信念。為了提升別人對你的真實好感，以及建立成功的人脈連結，利用正向的自我對話是關鍵。而唯一能做到這一點的人，就是你。

實踐心法

強大內心的計分練習

你內心的聲音在對你說什麼？要想找出答案，請花一週的時間紀錄，盡可能地記下每一次心裡的想法。你有多常因為某件事而稱讚自己，並在心裡鼓勵自己？若有這種情況，就給自己加一分。相反的，你有多常感到灰心喪氣，或對自己施加壓力？若有這種情況，就給自己扣一分。如果某個想法一開始是負面的，但你能夠把它轉化為正向的想法，就給自己加兩分。

1 Daniel Gould, Kenneth Hodge, Kirsten Peterson, and John Giannini, "An Exploratory Examination of Strategies Used by Elite Coaches to Enhance Self-Efficacy in Athletes," *Journal of Sport & Exercise Psychology* 11, no. 2 (June 1989).

2 Joan A. Finn, "Competitive Excellence: It's a Matter of Mind and Body," *The Physician and Sports Medicine* 13, no. 2 (February 1985).

一週結束之時，統計一下你的分數。你在該週結束時，分數總結是否為正數？你下週可以提高分數嗎？你是否對結果感到滿意。如果不滿意，請積極主動地改變你的看法，並接受你好的一面，對自己溫柔。以下有一些辦法可以幫助你：

- **建立細數成功的檔案**。每次有人對你說好話、稱讚你的工作表現，或寄來感謝的電子郵件時，把它寫下來，或列印出來，通通放在一個文件夾裡。你甚至可以在想起特別自豪的事情時，給自己寄一封簡單的電子郵件。畢竟，擔心出錯時，很容易忘記正向的成就。因此，定期拿出檔案，逐一回顧你的輝煌事蹟，提醒自己曾取得的好表現。
- **重溫成就**。我有一位非常成功的朋友，看起來很有自信，但實際上很容易受到微不足道的批評和錯誤的影響。而她覺得自己心情太低落時，會關上辦公室的門，拿出日誌，寫下她知道自己所有擅長的地方，重新調整成正面的自我對話，指引她達到想要和需要的目標。

調整心態，讓力量湧出再湧出

我一直想寫一本書。多年來，我編寫了大綱，想出了吸引人的書名，但這些計畫從來沒有更進一步的進展。在我的腦海裡，我有各種各樣的理由解釋為什麼我寫書的夢想無法實現：「妳沒有足夠的內容可說」、「這太難了」、「妳不知道怎麼做」、「不會有人要買的」。

我一向有自信，但這並沒有阻止這些想法滲入我的腦海。那麼，消極自我對話的結果是什麼？答案是，多年來，我根本沒有採取任何行動。為了迎戰任務，讓讀者可以坐下來閱讀這些文字，我必須改變自我對話。而這需要不斷提醒自己，我完全可以決定要對自己說的話。在過程中，我了解到，把自我對話從消極轉變為積極，並不是一味地盲目樂觀，每天站在鏡子前，對自己說「你很棒」就好。這是一連串可行的步驟，幫助我重新調整心態和對自我能力的感受，這樣讓我有勇氣每天坐在書桌前，面對可怕的白紙，無畏內心湧現出的恐懼。當然，自我懷疑繼續悄悄地潛入心裡，到現在也是如此。這種情況很正常，但我能夠採取措施，來管理負面的自我對話和它對我的影響，使我能夠完成我早就打算去做的難事。

同樣的，我以前的學生戴夫，長期以來也一直努力改善他的簡報表現。一旦他學會傾聽內心聲音所說的「他的公眾演說**可以**打動人心」，不再注意那些講著「你**做不到**」的聲音，他就能夠讓客戶驚豔，給老闆留下深刻印象，而且最重要的是，他看到了自己工作上的成長。他在電子郵件中說：「在我簡報的時候，我腦海中能夠浮現自己冷靜和自信的樣子，這使得一切都變得不同了。」

既然你已經完成了練習（見〈實踐心法：強大內心的計分練習〉），並知道負面的自我訊息在說些什麼，現在你可以開始培養正向的訊息來代替。從這個過程中，我學到有三種技巧特別有用：

一、做自己最好的朋友。

二、描繪正向的情境。

三、小事也值得慶祝。

做自己最好的朋友

回想一下，你腦海中湧現對自我的負面想法的時候。接著，想像你最好的朋友對他自己也有這種感覺，並向你表達這些想法，這時你會怎麼做？你會立即列舉你朋友的優秀特質，以利對方停止負面的自我對話，跳脫刻薄、有害的思維，擁抱有成效和助益的想法。

所以，對自己也要這樣做，做自己最好的朋友。我們內在都有個惡霸，它會出現在我們的肩膀上，在耳邊悄悄地說著惡毒的內心想法。而肩膀的另一邊則坐著加油團，它相信我們的價值，提醒我們的成就、優點和目標。下次惡霸開始叫嚷時，請立刻阻止它，轉而思考你想聽到什麼樣的話，然後讓加油團上陣。珊蒂內在的惡霸嘮叨不停地說，「妳沒有資格、沒有經驗，妳永遠找不到工作。」經過努力，她學會了與加油團一起反擊惡霸，因為加油團會提醒她，「妳從生活經驗中獲得了很多技能。妳有責任感、有條理，而且做決定時也有策略，所以雇主會很高興聘用妳。」

漸漸地，這個過程變得愈來愈容易。隨著你更容易注意到負面內心想法的出現，你會更早就逮住這些念頭，準確地找出替代的想法，並更善於將它們轉變為正向自我認知，創造強大的成果。

描繪正向的情境

在對抗負面的自我對話時，學習如何把壞的對話重塑成好的對話，這一點非常重要。就像半杯水可以看成是半空或半滿的，請記住，無論你的觀點是什麼，這完全是你的選擇。

一旦你著眼於害怕和自認為不能做的事情，並以此來行動，你就會獲得相應的結果。因此，重述你的想法，把你的觀點從「預料的災難」，轉變為「預想的成功」，從而影響你的決策和行動所產生的結果。擁抱你的潛力，而不是可能的失敗。畢竟，你期望什麼，就會得到相應的結果。

而重述的過程有兩個方面：內在和外在。**內在重述**類似於視覺化想像，即你想像自己想要的東西，然後在心裡演練它可能的發展情形。你訓練自己正向看待所擁有的各項技能、優點和待辦任務。而正向的思考，會帶來積極的結果。

另一方面，透過**外在重述**，你把內在重述的想法，用文字表達出來，與他人分享，賦予這些想法效力和分量。

我曾經有一個叫雅兒的同事，她打算成為公司的合夥人，儘管她在那裡只有八年，而正常需要十三年才能成為合夥人。但她沒有屈服內心在齊聲鼓譟，「別傻了，妳根本不可能這麼快成為合夥人，別浪費時間了。」相反的，雅兒堅定信念，相信自己的能力，然後全力以赴。在追求個人目標上，她並不無理取鬧或傲慢霸道。相反的，她始終如一、堅定不移，而且很有信心。儘管第一年她沒有當上合夥人，但第二年就做到了，成為十多年以來，唯一在十年內成為合夥人的人。她在心裡重述了內心想法和行動，然後對外重述了這些想法和行動，一直堅持到這兩者協調一致為止。

實踐心法

正向聚焦

我們對事物的用字遣詞，無論是大聲說出來，還是在腦海中想，都會影響我們對它的看法。而這些說法是我們在腦海中描述畫面的方式，更會大幅影響我們如何形塑自我認知。同理，我們如何轉換思維，也會影響行動和結果。因此，請把焦點轉移到正向的事物上，讓負面的事情消失。另一方面，若想多多正向看待問題，請嘗試以下策略：

- **積極看待事情，不要消極以對**。說「自己不打算做什麼事」很容易，但到頭來，只會導致一事無成。相反的，請說明你要做的事，為你打算採取的行動，創造清晰的願景。舉例來說：相較於：「我工作的速度太慢了，我永遠做不完這個專案，我應該直接放棄。」

請改成：「我費了一番時間確保事情萬無一失。我已經非常努力，需要休息一下。」

- **選擇強而有力、可行的動詞**。你選用的動詞，將為接下來的行動定調。動詞可以清晰呈現你的目標和希望達到的結果。

相較於：「我正在考慮我可以申請什麼工作。」

請改成：「我在決定我要申請什麼工作。」

- **專注於你能做的事，而不是你做不到的事**。對未知的恐懼可能會讓人不知所措，甚至會讓我們覺得自己做不到。但是說出「我做不到」這四個字，是在允許自己放棄。相反的，透過說出你能做的事，就是為自己打開了機會大門，創造成果。

相較於：「我以前從沒這樣做過，也不知道該怎麼做，事情不會順利的。」

請改成：「我很興奮，因為我有機會嘗試新事物。就算我以前從來沒有做過，但我有資源可以利用，來確保一切順利。」

- **把障礙、挑戰和所認知的失敗，轉化為智慧**。事情出錯時，會覺得懊惱也是人之常情，但這樣不會有任何結果。相反的，找出你可以從錯誤中學到的東西，並下定決心，下次用不同的方式處理事情。

相較於：「我辛苦花了十年的時間，終於鼓起勇氣來寫一本書。」

請改成：「這本書的寫作時機很恰當，因為我已經獲得必要的經驗，行文思路豐富。」

開始傾聽自己的聲音，發覺自己講錯話時，正是重塑思想最有效和最有力的時機。只要問自己，「我還能怎樣看待這種情況、這個人或這個行為？」

小事也值得慶祝

正如前文提到的，長久以來，寫這本書是我的一大夢想。十年前我第一次構思這本書時，我已經可以看到大功告成的那一刻。但要達到這個目標，工程浩大，使我產生了極大的惰性。這個計畫似乎是一股遠遠強過於我的力量，我感到無能為力、不知所措，無法勝任這項任務。在我根本都還沒開始之前，我就想放棄了。

但是後來，我把這個過程拆分成單獨的步驟，突然間我就踏上這趟出書的旅程了。第一步：確定本書的主旨；第二步：研究出版過程；第三步：了解企劃的要素，刊登廣告尋找企劃編輯，並雇用一名編輯；第四步：編寫章節等等。每完成一個步驟，我都會獎勵自己，慶祝這種如釋重負的感受和成就感。這些獎勵並不一定很大，有時候只是盡興地看一小時的電視，或打電話給朋友，但這麼做讓我對實現目標感到愉快，並為實現後續的目標感到興奮。而在這個過程中，我的心態也發生了變化，從「唉！我做不到！」到「是的，這會很困難，但我知道我有能力做到，可以完成的！」

有進展的感覺很棒，這對我們的思維模式產生了深遠的影響，更會深切影響我們的生產力和自我意識。所以，慶祝一下吧！

先假裝，直到成為真實

乍看起來，「弄假成真」似乎暗示著不真實，但這不是這句話的真正意義，所以我喜歡說「先假裝，直到成為真實」，來澄清這種疑慮。這麼說的目的，是嘗試以新的方式來看待自己，或採取不同以往的方式來行事，體會一下這樣看起來如何、或有什麼感覺。走出我們的舒適圈，或者有些人會說「用裝的」，這樣我們可以逐漸適應新的思維和行動模式，直到它們變得正常或「真實」。

在我職業生涯的早期，第一次拜訪摩根大通時，我還完全是個菜鳥。我當時沒有個人網站、公司也還沒有命名（更不用說名片了），我在想，怎樣能讓這個超大的公司相信我有足夠的知識和能力，可以雇用我。我沒有任何成功經歷可以說，也沒有什麼推薦人，我心想，「我在騙誰啊？」

但後來我更進一步思考。「好吧。」我心裡想，「如果我已經從事這種工作多年，我會有怎麼樣的談吐和舉止？」我有了信心，知道自己做得到，因為我滿心期待替這個客戶工作，而且針對如何幫助客戶，我已經有滿腦子的想法，我把這個畫面牢牢地印在我的腦海中。然後我照著做，表現得「好像」我已經做到了我努力的目標。在我們初次會面時，我沒有也不會撒謊，但我確實謹慎地選擇了措辭，突顯了我對自己能力的信心，並強調我已經擁有的成功經驗（儘管很少），然後我成功得到了這名客戶。

戴夫也採用了相同策略，在客戶簡報中表現優異，雅兒也是用相同的方式，在前所未有的時間內成為合夥人。「先假裝，直到成為真實」是積極重塑想法的一種方式，更能影響你的行動、決策和動機。畢竟，加強自我形象是一個過程，而想像最終成果是幫助你實現目標的方式。

穿出自我形象，由外而內成長

無論服裝能否打造一個人的形象，服飾的確能有效傳達你內心的狀態。如果你醒來時感到疲倦和悶悶不樂，穿著鬆垮垮的衣服，讓自己盡量地舒適，你就會把這種悶悶不樂傳遞給外界。相反的，假如你在早晨感到精力充沛，穿上鮮豔的衣服，你會注意到這種能量往往會伴隨你一整天，而且人們也會向你傳遞類似的能量。另一方面，穿上慵懶的衣服時，很難有警覺和戒備的感覺。但如果穿戴整齊、打扮得體，其他人也會認為你是很出眾的人，並把這種感覺反映給你，強化你對自己的看法。

自我形象是你感受外界的基礎，也是外界看待你的基礎，這部分與第三章探討的印象法則直接相關。

要點整理

自我形象法則：在期待他人對你產生好感之前，**你**必須先喜愛自己。

人們相信自己的感知：你對他人的觀感影響了你對他人的評價，因此你的自我感受也會影響你對自己的評價。

對自己好一點：這不只是個聽起來舒適愉快的想法，更具有科學根據。以積極正向的態度自我對話，就有可能往成功邁進，實際提升生產力。

調整心態：定期回顧自己締造的成就，與自我進行積極、而非消極的對話。同時，清楚定義目標成效，歡慶每次的進展，進而重新定義障礙和挑戰。

先假裝，直到成為真實：假裝自己已經成功調整思維或達成渴望目標，這個方式能有效讓你適應新的思維模式與策略。在真正吸收新的行為模式或實踐目標之前，假裝自己「已經」辦到了。

3

印象法則

「我們不僅有能力感受世界，而且有能力改變自己對世界的感受。更簡單地說，只要調整看待事物的方式，眼前的事物就會跟著改變。」

——湯姆・羅賓斯（Tom Robbins），

著有《自由歡樂的人也會憂傷》（*Even Cowgirls Get the Blues*）

我在商學院求學時，我的分群裡有一個女同學叫艾莉卡。雖然她有花時間和我們這群朋友相處，但她多半獨來獨往，所以我覺得她個性冷漠。艾莉卡身高一百八十公分，非常漂亮。事實上，她曾一度當過模特兒。她非常聰明，在上商學院之前就做過令人稱羨的金融工作。此外，她還很有錢，不只是有點錢而已，是非常有錢。然而她與大家保持距離的樣子，儼然暗示著她認為自己高高在上。

雖然我曾試圖與她閒聊，但她似乎老是不把我看在眼裡，所以過了一段時間，我就不去理她了。我們兩人除了都很聰明，其餘完全相反。我身高一百四十八公分，喜歡熱鬧，善於交際，成長的背景並不富裕。「也許吧。」我想，「對她來說，我和她太不一樣了，所以她完全沒有興趣跟我說話。」

第一年的春假，我發起了去牙買加的旅行。但我得把十四個名額全部賣掉，才能負擔得起這次旅行，所以我在分群裡大力宣傳，希望所有朋友都能去。你知道是誰給我第一張支票來爭取名額的嗎？是的，就是艾莉卡！「呃……」我心想，「我好不容易賺來這趟假期，結果我必須和這個把我當作隱形人的同學一起去度假，我所想的樂趣可不是這樣啊。」更糟糕的是，最後的統計結果有十男和四女，因此，由於住宿的安排方式，我們所有女生都住同一個寢室。

「好棒棒！」我心想，「所以現在我真的得和這個勢利的富家女共度假期了，我和她沒有什麼共同點，她還瞧不起我。」或者，至少這是我對情況的看法。

在我多年輔導的經驗中，我經常聽到客戶說出，「我不覺得自己有那樣」和「我不明白我做了什麼事，所以給他們那種印象」。通常會有這種情形，是因為我的客戶想在職涯更上一層樓時，遇到了職場的阻力。然而，是什麼原因，導致我們對自己的看法、和別人對我們的看法之間出現落差？而了解自己的看法如何形成，就能多少理解別人如何形成對我們的印象。一旦你掌握了印象是如何產生和維持的，你就可以更加積極地製造你想給人的印象，並向外界展現你的價值，好讓別人認識到你的價值。而你展現真實的自我時，人們會做出回應，並與真實的你產生連結，所以印象是好感的重要環節。

一瞥即印象

我可能還沒有告訴你這一點，但我總是對的。從你的角度來看，你也總是對的。我們已經在第二章中看到，你對自己的印象，會形成你的實相。當然，我們對別人的想法也勢必如此：我們對他人的印象，就是眼中真實的他。這就是**印象法則**。別人有意或無意地解釋你的言行時，他對你的任何印象，就是他認為的真實的你。我們相信自己所感受到的事情都是真的。

雖然我們不能完全控制別人對我們的印象（畢竟，形成對他人的看法時，會綜合自己獨特的觀點、個性、生活經歷和偏見），但我們絕對可以積極、而非消極地影響那些看法。其中要記住，最重要的一件事情是，印象通常會在與某人見面的最初幾分鐘內迅速形成。通常只需要一會兒，就能對某人產生本能的回應，並對這個人做出結論。這並不是說我們刻意對人下定論，只不過是人們處理新環境和剛認識人的自然反應。

當然，時間一長，隨著兩人更加了解彼此，這些印象可能發生變化，但第一印象的威力很強大。這就是為什麼印象法則有一個子法則，即**第一印象法則**：給人留下好的第一印象，會比扭轉糟糕的第一印象容易得多。人類喜歡自己是對的。如果我對你的第一印象是你很冷淡，那麼在以後的場合，我會一直這樣認定，把後續對你的印象融入這種「性格冷淡」的觀感中，因為我在證明自己是對的。我可能需要一段時間，才能改變我對你的印象，並發現真正的你實際上充滿活力。那麼，為什麼不一開始就展現真實的你？第一印象非常重要。

「印象」管理學

結果證明，當年的春假之旅一點都不糟糕。事實上，還超讚的，很大部分是因為艾莉卡其實是很棒的人。在牙買加的第一天，我們倆懶洋洋地躺在游泳池的充氣墊上，然後天空突然下起傾盆大雨。我們都開始大笑，因為這場熱帶暴雨太突如其來和戲劇化，然後我們看著彼此在雨中飄來飄去，兩人笑得更厲害了。我們已經習慣了商學院平常磨練學生的環境，但這裡的情境完全不同，所以我們能夠放鬆，卸下心防。在這趟旅途中，我們度過了美好的時光，一起悠閒旅遊，了解到我們非常不同的成長經歷、過去的人際關係等等。等到回到學校時，我們已經成為真正的好朋友。

我逐漸意識到，我對艾莉卡的第一印象是錯誤的，而我讓這些第一印象強化成了觀感。艾莉卡實際上並不傲慢和冷漠，令我難以置信的是，她很害羞。一旦她不再羞怯，開始與人互動，她很有同情心和溫暖，甚至還有叛逆的傾向。我對她的印象完全大錯特錯。

我們對人們的印象，與他們的真實情況不同。但為什麼真面貌和好感度會「有些出入」，原因很多。讓我們看其中三個：

- 不同的風格。
- 表裡不一的溝通。
- 自我懷疑作祟。

不同的風格

我們都有天生的傾向，像是你用哪隻眼睛來眨眼，沒有所謂用哪隻眼睛才「正確」，完全取決於本能的正常感覺。同樣的，在談到我們如何行事、如何與他人溝通和互動、如何解決問題和做出決定時，我們都有與生俱來的傾向，每個人都有不同的風格。

大多數人格測試把不同的人格類型或風格分為四種，有些測試，如邁爾斯—布里格斯（Myers-Briggs）把人格類型分成更多種，但四大分類基本上已經足夠，容易掌握，而且涵蓋了充足有用的實質內容。

我與客戶進行晤談，要判定他們的風格時，我使用一種線上評估，叫做尼斯林大腦儀表（Neethling Brain Instrument，簡稱NBI™），它把結果分為八類。

不過，你可以回答接下來的幾個問題，把答案對應到表3-1的四格矩陣，即可大致了解基本的風格類型。矩陣以兩個軸劃分，一是你做決策的速度，二是你思考決策的方式。而你本能的傾向是客觀思考或主觀思考，是快速反應或深思熟慮，這些決定了你的風格屬於直線型、Z字型、角型或圓型。

實踐心法

了解自己，找到你的風格

觀察你的本能傾向，找出你在風格矩陣中的類型。你可能不會完全符合某個特徵的描述，只要在每組敘述中，選擇最接近你的即可。

一、你如何做出決定，而與人交談時，你的說話習慣是什麼？

快速的。你很果斷，會迅速分享意見，在討論中很活躍，經常有話可說，會用豐富的肢體語言來表達自己。你語速較快，表達直接。

深思的。你思前想後，才決定自己的意見。在提出想法之前，會聽取其他人的意見。比起你的許多同事，你的手勢和面部表情比較保守。你說話很慎重，用詞也很謹慎。

二、哪些因素會影響你的決定，以及你自我揭露的程度如何？

客觀的。你重視事實和數字、歷史資料和量化的資訊。你傾向於採用系統化的方法來解決問題，專注於細節和詳情。與許多同事相比，你不太會分享個人資訊，也不太願意分享自己的情緒。

主觀的。你從注意其他人的看法、團體的氛圍，以及你的直覺，來做出決定。你傾向於歸納資訊，並著眼於大局。你對自己的感受抱持開放態度，並能接受自己的情緒。

在表3-1所示的風格矩陣中，確定你偏向的類型，判定你是直線型、Z字型、角型，還是圓型。請注意，你身上也會有其他風格的特質，但這個矩陣的目的，是幫助你判斷你的主要溝通風格。同時，也要看看其他風格在意的優先事項和偏好，看看你能否在認識的人中，找到符合這些風格的人。我敢說，有些人很快就會浮現在腦海。想想在與不同類別的人互動時，不同的溝通風格可能會帶來什麼影響。

當然，我們身上都有其他風格的特徵。比方說，我的風格是Z字型，但我對於守時的執著，讓我丈夫開玩笑說，我有角型的傾向。因此，這個矩陣的重點不是以單一、精確的方式來確定你的風格，而是要指出你的主要類型和大致傾向。了解自己的風格，並學習注意到他人的風格，這樣有助於你管理自己給人的印象，以及你對周圍人的印象。

表 3-1　風格矩陣[1]

快速的	
客觀的	**主觀的**
直線型	Z字型
優先事項：完成任務 **性格寫照：**邏輯、理性、務實、專注、具體 **價值觀：**重視成效、直接和簡潔的溝通 **被誤認為：**傲慢、專橫、自以為是	**優先事項：**發揮創意 **性格寫照：**富有創意、表情及肢體語言豐富、放眼未來、敏銳 **價值觀：**勇於嘗試、有冒險精神、充滿活力 **被誤認為：**理想主義、不切實際、話太多

深思的	
客觀的	**主觀的**
角型	圓型
優先事項：把任務辦妥 **性格寫照：**有條理、注重細節、按部就班、規律、高效 **價值觀：**準時、周密、注重以往的驗證 **被誤認為：**僵化、緊張、無聊	**優先事項：**達成共識 **性格寫照：**善於交際、寬容、有同理心、樂於支持、富有洞察力 **價值觀：**忠誠、團結、凝聚共識、建立情誼 **被誤認為：**爛好人、被牽著鼻子走、過於敏感

要建立良好的人脈連結，雙方不一定要是同一種風格。令人意想不到的是，風格相反、落在矩陣上對角位置的人，彼此最有可能激發出最棒和最創新的合作效果，因為他們解決問題的方法迥異，所以往往能很好地互相平衡。例如，跳出框架思考的Z字型人和注重細節的角型人，往往相得益彰。同樣的，遵守期限的直線型人和尋求共識的圓型人共事時，可能非常有成效。相反的風格或許最有可能發生衝突，但也最有機會帶來成效。

不過，任何類型的人都能很好地相處。關鍵是注意到風格的差異，據此發揮彼此的優勢，減少誤解。而不是強調對方的缺點，以一概全，深化誤解。你可以漸漸欣賞那些與你風格不同的人，特別是他們也許做得到你無法達成的事。更重要的是，他們說不定能夠做你不想做的事情。反之亦然，你也能在他們不擅長的領域幫助他們。這就是為什麼與不同風格的人一起工

1 根據國際知名的NBI™四大象限和八個面向的思維模式分析工具。

作，可以建立強大的人脈連結和合作關係。

學習去察覺人們提供的線索，來理解他們的風格，你就能更了解他們的優先事項，以及驅動他們行動的因素。然後，你可以調整你的溝通策略，這樣其他人在形成對你的看法時，不會因為風格差異而感到不舒服，而且可以透過差異看到真正的你。而了解別人的風格矩陣類型，也能幫助你消除對他們的誤解。

同樣的道理，了解**你**的風格矩陣類型，有助於你警覺到，自己在給別人什麼樣的線索。例如，這些行為如何影響人們對你的觀感？你是否創造了最佳印象，展現真實自我？

實踐心法

尋找對方的風格線索

有一次，我向紐約市一個政府機構的負責人，推銷我的溝通風格訓練課程。在談話中途，這位負責人停下來，試探地問我：「那我的風格是什麼？」我看了看他，環顧他的辦公室，確認我觀察到的情況。辦公室裡到處都是植物和家人的照片，顯示出是愛照料的圓型風格，但他穿著紫色襯衫，打著古怪的領帶，而且他的文件不是放在收納櫃裡，而是略顯凌亂地堆放在房間的每一個平面上，顯示出他的主要類型是思維獨特的Z字型。我告訴他，我認為他是Z字型，他也心知肚明自己是這個類型，所以他當場聘請了我。

一般來說，我們只需運用平常的觀察能力，就可以辨識出一個人的主要風格。請做做看以下的測驗，練習用你所觀察到的情形，來區分人們的風格。

測試你判斷風格的能力

題目說明：對於每項描述，選擇最符合對方的風格。

一、對方辦公室的樣子？

(a)有很多舒適的地方可以坐，桌子上有各種各樣的筆，牆上有很多藝術品。

(b)整齊，文件收納盒裡有貼上標籤的檔案夾。有一張乾淨、井然有序的辦公桌。有員工茶水間，茶、咖啡和餐具被分門別類放在標示清楚的抽屜裡。

(c)辦公家具很簡單，但有足夠的椅子供小組討論。牆壁上沒有裝飾，除了掛有多功能的白板，上面寫著任務、指示和目標。

(d)布告欄上貼著五顏六色的便條紙和激勵人心的口號。雜亂的桌子上放著益智類小玩意，門後有一個籃球框。

二、對方最有可能提出的問題？

(a)第一步怎麼做？你有計畫嗎？你想如何處理這個任務？

(b)目標是什麼？你有哪些資源？你的期限是什麼時候？

(c)有誰參與？我可以和誰合作？其他團隊對此有何看法？

(d)我們為什麼要這樣做？你能想像這個過程嗎？你願意嘗試不同的方式嗎？

三、對方可能會做出以下哪種肢體語言？

(a)做出很多生動的手勢，並且喜歡靠坐在桌子旁，或一隻腳盤起來，夾在另一隻腳的大腿下。

(b)有生動的面部表情，在打招呼時，常會碰對方的肩膀或手臂。

(c)經常瞄牆上的時鐘，時常抖腳，或用手指敲桌子。

(d)坐姿端正，很少有面部表情，但眼神靈敏，把一切都看在眼裡。

四、對方會穿哪種衣服？

(a)衣服是標準的藍色，安全牌穿搭，但不是特別出眾。

(b)衣服經過精心挑選、剪裁得當、經過完美的整燙和飾品搭配。

(c)雖然是基本款式，但以明亮的襯衫或圖案大膽的領帶來點綴。

(d)衣服很好看，但不浮誇。女性可能會用喜歡的圍巾來搭配造型，男性或許會用他五歲孩子在父親節送給他的領帶，為外套做點綴。

答案：

一、(a)圓型　(b)角型　(c)直線型　(d)Z字型

二、(a)角型　(b)直線型　(c)圓型　(d)Z字型

三、(a)Z字型　(b)圓型　(c)直線型　(d)角型

四、(a)直線型　(b)角型　(c)Z字型　(d)圓型

這樣做，加深人脈連結

要減少他人對你的誤解，最有效的方法之一，就是在你塑造對他們的印象時，保持開放的心態。如果你急於對某人做出判斷，很可能那個人也會對你有同樣的反應。人就是會有樣學樣，如果你不希望別人對你預設立場，把假設直接認為是事實，那你也要注意不要陷入同樣的習慣。換句話說：**不要完全相信**。

我們遇到某人時，會產生第一印象是很自然的，難在於要保持開放的心態，讓對方有機會改變你對他的印象。我們經常草草得出結論，但下次你發現自己太快下定論，停下來問自己，「我還能如何替那個人、那個動作、那個情況做出解釋？」人們經常事先預想對方的反應，並據此行事。所以，請保持開放的心態，不要先入為主地把別人貼標籤，就可以扭轉現況、改變結果。請以身作則，並清楚知道，你對別人的觀感會隨著你與他們人脈連結的發展，不斷變化。

我和艾莉卡在春假期間意外成為好友之後，我回想起旅行前我對她的表現。我意識到，因為我已經認定她是高傲的富家女，我可能對她表現得不太友善。事實上，如果我說實話，我對待她的方式和我認為她對待我的方式一模一樣，帶著一絲輕蔑。正如我父親所說，「世界是一面鏡子。」我得到的回應，正是我所釋放的冷淡態度。面對她的行為，如果我願意找出其他的解讀方式，我們本來可以更快成為好朋友的。

最近，我指導了麗莎，她三十歲出頭，剛當上經理。她主動與我分享她對同事的感受，這位同事名叫德莉亞，也是新上任的經理，家裡也有一個幼童。麗莎老是覺得德莉亞不友善。嘗試與她聊天幾次後，麗莎得出結論，德莉亞不想友善地相處，所以她就不再努力嘗試了。

一個星期六的下午，麗莎在她們住的小鎮上遇到了德莉亞，她們在街上聊了十五分鐘，這段時間她們分享的東西，比過去共事一年還多。原來，德莉亞的兒子有些狀況，因此覺得工作壓力很大。那次談話打破了她們之間的僵局。麗莎能夠理解德莉亞在工作之外所承受的壓力，這些壓力導致她看起來很封閉，難以接近。而德莉亞也感到很欣慰，因為她的同事能夠理解她辛苦的處境。這兩位女士最終不僅成為了朋友，對彼此有了新的認識，而且找到了共事的方式，並在過程中讓工作變得更有成效。

你永遠不知道別人的生活還發生了什麼事。如果你根據有限的互動就對某人妄下結論，等於斷送了加深你們之間人脈連結的機會。無論是與新認識的人，還是現有的人脈，你要知道，你對他們的印象可能不完全準確。這樣一來，你才有機會加深與對方的人脈連結。

表裡不一的溝通

你傳送給他人的訊息有三個構成要素，訓練人員通常會將這些要素稱為溝通的三個V：語言（verbal，用字遣詞）、聲音（vocal，聲音的語氣和活力）、和視覺（visual，面部表情和肢體語言）。而要傳達真實的你，關鍵是在溝通時，在語言、聲音和視覺上要保持連貫。否則，其他人會注意到你的訊息混雜，並認為你不真實或搞不清楚情況。

有一家頂尖金融服務公司曾經聘請我，替高階主管舉辦關於招聘流程的研習會。其中一位主管名叫蓋瑞，這名中年男子是我遇過在溝通上最表裡不一的人。在研習會上，其中一環是最後面試的角色扮演，而主管要表達替他們公司工作的好處和吸引人的地方。蓋瑞和我坐下來進行模擬面試時，他用單調的語調，滔滔不絕地講話，告訴我這是多麼棒的公司。但他很少與我進行眼神交流，表現得好像在背誦劇本似的。這真是不可思議，**他**讓人難以相信，因為他所傳達的內容完全不連貫。要是這是真實的場景，而我是應徵者，聽著他說要給我這個職位，我絕不可能被他說服接受這個工作的。

肢體語言透露了一切

我媽媽總是告訴我，「重要的不是妳說什麼，而是妳怎麼說。」而我看到心理學家艾伯特・麥拉賓（Albert Mehrabian）的研究時，她這句話立刻浮現在腦海中。麥拉賓做了大量的研究，來判定在面對面的情況中，別人最有可能對你有何感覺。麥拉賓在《無聲的訊息》（*Silent Messages*）一書中，針對構成一個人「整體好感」的因素，提出了公式。

7%語言上的喜歡＋38%聲音上的喜歡＋55%臉部表情上的喜歡[2]

換句話說，如果你的身體沒有跟著呼應，你說的話就沒有什麼意義。想想看，一般的青少年嘴裡可能說「好」，但是手臂交叉，眼睛盯著天花板。這

2 Albert Mehrabian, *Silent Messages* (Belmont, CA: Wadsworth Publishing, 1981), pp. 75–80.

裡非語言的訊息很明顯，其實他們的意思是「不要，這樣**不**好。」再想想，你第一次見到某人時，你會用溫暖的語氣、微笑，並直視對方的眼睛說「很高興見到你」嗎？還是你往往會害羞地轉移視線，或者說話簡短，表示你的時間不多？你在視覺上向對方傳達了什麼訊息？你的聲音（語調）和視覺（表情和肢體）交流，是否支持你的語言訊息？

先決定你想塑造的形象，然後想好傳達的方式。畢竟，你的肢體語言可能會洩露你並不感興趣，或者相反的，也可能會證實你的專注和信心。

實踐心法

三步驟，調整你的肢體語言

在輔導了數千名學生面試技巧之後，我開始意識到，人們在很大程度上並沒有察覺自己本能的肢體語言。我經常想起我第一次練習面試時被錄下來的情景，當時我還在商學院：我有用手指捲頭髮的習慣。我在回答問題時，手指會捲起一撮頭髮，然後再鬆開，這可不是我想要塑造的專業形象。而加強你對肢體語言的覺察，是改善肢體語言的有效方法，確保你的肢體語言與你想要傳達的語言訊息一致。請按著以下步驟來做：

一、**進一步了解**。你的肢體語言傳達出什麼訊息？找出答案的最好方法，是看自己在影片中的表現。如果你已經有影片，請拿出來看看。即使是在智慧型手機上錄製的幾分鐘影片，也會顯示你所需要知道的資訊。你是否面帶微笑，但卻沒有精神？還是神情警覺，但又過於嚴肅？記下你自然而然就可以表現好的地方，以及能夠改進的地方。你會笑容僵硬嗎？把玩你的戒指？還是會撥弄口袋裡的東西，發出叮叮噹噹的聲音？即使稍微意識到你的肢體語言，也會有很大的幫助，這樣逼著你要站得更挺，保持與人的眼神交流。但如果你沒有自己的錄影片段可以看，就問問熟悉你的人，你常見的煩躁動作、綜合的言行舉止和肢體語言是什麼。他們能告訴你的！

二、**用心留意**。觀察周圍人的肢體語言。他們表現出什麼樣的手勢、姿勢和面部表情？這些訊號向你傳達了什麼訊息？如果你觀察到能與你產生積極共鳴的東西，試著把它們納入你自己的肢體語言當中。事實上，要擴展我們的溝通能力，重點在於培養技巧，而新技巧需要練習才能適應。

三、**挑選**。表3-2列出的是常見且能強力傳遞非語言訊號的行為。請選擇一兩個你有改善空間的行為，然後加以練習。

表 3-2　聲音和視覺溝通行為

眼神接觸	為了展現興趣和自信，需要維持眼神的交流。若有必要，可以對著鏡子練習，直視自己的眼睛，想像自己與重要的客戶或資深同事交談。以自然的方式保持眼神交流，但這並不代表要盯著對方，而是要全神投入。而在進行積極、有效的眼神交流時，通常自然而然會有兩到五秒的停頓時間。
適時的停頓	停頓的威力強大，它們能傳達用心、信任和你對周圍環境的自在感。之後，要從停頓回到對話時，可以評論對方剛剛所說的話，或在必要時，設法澄清：「我以前從未想過這一點」或「如果沒有理解錯，你是在說⋯⋯」
姿態	抬頭挺胸！無精打采或過度放鬆的姿態，會被解讀為缺乏信心，對他人興趣缺缺。我只有一百四十八公分，但我想像頭上有一條牽引木偶的繩子在往上拉時，我整個人都變直了。我說不出有多少次，我上台簡報後，有人走過來對我說：「哇，妳真的很矮！」他們總是驚訝地站在我身邊，但在了解我的實際身高後，他們會說：「但是妳看起來比較高。」
聲音	強迫自己不自然地說話雀躍或熱情，反而會適得其反，顯得不真誠和虛假。請確保你傳達的聲音聽起來充滿自信，這樣能改善你的聲音訊號。不要含糊不清或說話生硬，避免說「嗯」和「啊」。此外，說完一句話的時候，不要提高音調，這樣聽起來好像你在提出問題一樣。

自我懷疑作祟

我們的肢體和聲音經常露出馬腳，常見的原因是我們在懷疑自己。但如果你不相信你要傳達的訊息，憑什麼別人會相信你？

在第二章，我們討論了自我形象法則，並探討如何表現出真實自我的最佳形象。還記得〈三步驟，選出你的形容詞〉的建議嗎？要表現出那些定義你的最佳用詞，你必須相信它們，其中一個關鍵是用肢體語言來表現。你選擇的用詞代表你對自己的觀感，以及你希望別人對你的觀感。請運用我們在第二章中使用的技巧，確保其他人對你的觀感與你想要表達的樣子一致。

用正向語言，贏得信心與好感

你對自己感到滿意時，就會呈現出正向的肢體語言。因此，在走進會議室或拿起電話要打重要的電話之前，問問自己，「描述我的清單上有哪些詞彙，是我此刻想要傳達的？」想想實際表現出這些詞彙會是什麼樣子，並在腦海中記住那個畫面。要知道，你已經明白，成功傳達心中正向的訊息是什麼模樣。忘記你耳邊的那個小惡霸，現在是讓加油團給你打氣了。

關鍵是先思考要說什麼話，並用身體去感受，然後把話說出來。真誠來自於忠於當下。只要你讓自己處於正向的心態，它就會透過肢體表現出來。

建立正向觀感的另一種方法，是對別人說好話。花點時間注意周遭有什麼值得欽佩或感激的事，以及這些事情如何正向影響你對這些人的觀感，然後告訴他們你欽佩的理由，這樣幾乎會得到雙贏的結果。比方說，稱讚同事成功處理了棘手客戶，你也可能因此在親自遇到頭痛的情況時，有了處理問題的新見解。把我們對他人的印象說出來，有助於我們理解是什麼影響了自己對其他人的觀感，以及我們的行為如何影響了他人對我們的觀感。

即使告訴陌生人你欣賞他的地方，也會產生正向的影響。比如，在雜貨店排隊結帳時，稱讚你前面女士的外套好看，會讓你們兩個人都心情愉快。

而對我們不認識的人說好話，甚至可以產生更深遠的效果。比方說，我的朋友比爾喜歡騎自行車去健身房，有段時間，他注意到有一台漂亮的自行車經常被鎖在車架上。有一天早上，他離開健身房的時候，自行車的車主剛好在那裡開鎖。比爾走到他面前，告訴他，他認為這個人的自行車是他見過最棒的。他們聊了半個小時，發現兩人有很多共同點。這個人是附近大學的法律教授，比爾就是在那間大學獲得行銷學位。兩人成為朋友，不僅開始一起騎自行車，而且還多次互相推薦客戶。

透過說好話來傳達我們欣賞的事情，這對我們和周圍的人都有強大的效果。而展開一段對話，更可能會開啟充滿新機會的世界。

好印象是目標，正向轉念是方法

想像一下，你有兩名直屬部下，你問他們最近剛完成的任務的情況。一個人回答說，「沒有上次那麼糟糕，上次慘不忍睹。」另一個說，「我從上次的經歷中學到了很多東西，這次進展得更順利了。」他們的回答內容沒有顯著不同，但哪一種回答讓你對該名員工有更正向的印象？當然是第二種。因為強調負面的東西，會給人留下負面的印象，而強調正向的事物，會使說話者看起來正向。

在第二章中，你學到了如何利用**外在重述**，來表現出正向的自我認知。而在影響他人對你的觀感時，同樣的原則也適用。在塑造你想要創造的印象時，措詞是威力強大的工具。記住上一章提到的有效外在重述的規則。

- 從正向的心態開始。
- 選擇強而有力、可行的動詞。
- 專注於你**能夠**做的事情。
- 把錯誤轉化為智慧和機會。

如果你矮化你的成就，別人也會覺得你能力不足。相反的，假如你強調你的成就，別人也會看重你。在適當的時候提及自己的成就，同時也給其他人應有的稱讚。自我認可不需要給人吹牛的感覺，只要你以真實的方式去呈現，就不會讓人覺得自大。

假裝你很會，你就真的會

把你學到的改善肢體語言的知識，付諸實踐。抬頭挺胸，與人進行直接的眼神交流，還有記得微笑。即使你還在練習階段，一旦你開始呈現你想呈現的形象，你就會發現練習具有很強大的力量。如果你看起來相信自己，其他人也會相信你的。

就如我當初走進摩根大通培訓主管的辦公室時，我滿懷信心地走進去，彷彿我已經習慣了跟別人開這種會議，儘管這是我第一次替我尚未成立的公司推銷服務。但是我之前在金融公司工作時，參加過很多客戶會議。回想這些經歷有助於提醒我，一派輕鬆自在是什麼樣子和感覺。我挖掘類似情況的記憶，然後利用過去的經驗，指導自己如何**表現得有模有樣**，然後我成功簽到了這名客戶。我怎麼看待自己，客戶也就怎麼看待我。

外在形象，就是你的隱形名片

你的穿著會影響你對自己的感覺，同樣也會深刻地影響別人對你的看法。我記得曾帶領過一場為期一週的工作坊。第一天早上我走進房間時，有一位女士裹著厚厚的黑色外套，彎腰駝背地坐在在桌子前。她繃著臉，還有舉手投足、縮在黑色大衣裡的樣子，讓我以為她很冷漠和沉默。但是我轉身準備開始課程時，我看到她已經脫掉了外套，裡面是明亮的橘色上衣。鮮豔的色彩讓我在向她打招呼時，露出燦爛的笑容，她也馬上回以微笑。

如果她還穿着厚重的黑色外套，我肯定我們的初次見面會更加正式，因為在接近她時，我會根據她的服裝、駝背的肢體語言和愁容，對她有「這個人不太友善」的第一印象。然而，她上衣的陽光色調馬上改變了我對她的觀感，我們能夠立即因為彼此的友善溫暖，產生連結。

懂規則，跨文化交流不失禮

在與國際客戶或合作夥伴打交道時，請記住，不同的文化有不同的禮節和行為準則，這些準則通常以非語言方式表達。我第一次去日本出差時，很驚訝地發現，堅定的握手和自信的眼神交流並不是與同事打招呼的正常方式。日本人非常重視尊重和敬意，因此與上級打招呼不能像跟同輩那樣，這是非常忌諱的。另外我還發現，日本員工向資深同事打招呼，即使同事是外國人，日本員工仍會點頭和鞠躬，目光向下。因為如果正眼看人，就太不禮貌了，而且資歷淺的員工鞠躬的角度必須比資歷深的員工更大，以示尊重。我的一位美國同事就因此發生了很搞笑的事情，他花了整整五分鐘，反覆向日本公司一位資歷較淺的員工鞠躬，直到他意識到，他需要讓這位日本商人鞠躬更深，才能向他這位美國客人表示敬意。

通常只需要合理的即時察覺，就可以接收到這些訊號，並採取相應的行動。然而，因為沒有意識到而失態，可能會造成嚴重的後果。一位同事告訴我，他曾與公司的幾名員工和日本客戶開過一次會議。按照日本人的習慣，大家恭恭敬敬地交換名片，用雙手遞出名片，名片正面的資訊朝向對方。然而，在會議期間，公司一名資歷較淺的員工心不在焉地拿起了日本資深客戶的名片，在仔細想事情的時候，開始拿名片輕拍他的嘴，然後名片最終滑落到他的嘴唇之間。結果日本客戶極為反感，不想再和那個員工打交道。

靈活運用你的風格

了解自身的行為如何影響別人的觀感，這一點很重要，這樣我們就有很大的能力來控制自己給別人的印象。同時，自在地做自己，並留意你從別人那裡得到的訊號。利用你對不同風格的了解，靈活應變，並適度調整你的行為，以達到最佳效果。如果你是Z字型的人，習慣從大局來解決問題，但你正在與直線型的人合作，後者專注於取得最直接的成果。這時，為了提高合作的效率，請控制你的Z字型風格，並向對方表示，你可以根據需要，適應不同的情況。

但靈活運用你的風格並不是要模仿別人，或抑制你的衝動。而是微調你的訊息，達到有效的溝通，並使他人能夠感受到真正的你。

要點整理

印象法則：人們把感受當事實。你對別人的印象就是你眼中真實的他，他們對你也是如此。

第一印象子法則：留下好的第一印象，比修改負面的第一印象容易許多。因此，初次見面就要給對方留下好感。

人們塑造自己的形象：在對他人產生第一印象之際，我們也會根據第一印象予以他人評價。同理可證，請拿出自己最真誠的一面，讓他人認識最自然真實的你，影響他們對你的看法。

了解自己的風格：了解自己的主要溝通風格，留意身邊的人具有哪種溝通風格，藉此創造積極有益的形象並避免誤解。

保持開放的心態：隨著你與他人的人脈連結愈來愈深厚穩健，請保持開放的心態，隨時調整你對他們的認知。這麼一來，他們也更有可能會抱持開放的態度，改變對你的看法。

始終如一：以正向積極的方式傳達出真實的自我，並請確保你的文字、口語表達和肢體語言等各種溝通模式都協調一致。

擺脫自我懷疑：運用說好話、正向轉念、假裝你很會，你就真的會，以及留意外在形象等策略，來喚出最好的自己，並把這些形象傳達給他人。

保持彈性：留意自己釋放的訊號，注意他人傳達的訊息，必要時調整你的言談和行為，讓他人感受到最真實的你。

4

能量法則

「我們的能量與所遇到的阻力成正比。」

——十七世紀散文家威廉．赫茲利特（William Hazlitt）

幾年前，瑞克聘請我舉辦一系列面試技巧工作坊，他當時是某大學大專部的職涯諮詢主管。在一次講座結束後，我們回到他的辦公室，聊了學生的現場回饋，他們的回饋非常熱烈。有一位參加過我上一屆工作坊的學生，這次加入了我的演講，跟大家分享他把所學技巧付諸行動，並找到了理想工作。我們談到學生似乎都吸收了我們教的技巧時，瑞克和我都眉開眼笑的。

然後，因為瑞克與學生安排了一對一的洽談，所以我們必須結束談話。那時，我觀察到瑞克的能量發生了明顯的變化。他的笑容消失了，身體似乎緊繃了起來，神情也變得心不在焉。我想知道，我是否說了或做了什麼讓他不高興的事情，於是問他怎麼了。原來，根據他的描述，他要洽談的那名學生要把他逼瘋了。

那名學生幾乎每週都會安排與他見面，但每次會談時都滿腔怒火。那名學生會很快細數自上次會談以來，他與招聘人員的接觸情形，只要他沒有收到招聘人員的回覆，他就會嚴詞譴責瑞克的建議。瑞克知道幫助這名學生是他的工作，也樂意提供協助，但這個學生咄咄逼人的冒犯行為，讓瑞克要替自己辯解，瑞克覺得很難好好輔導這個學生。瑞克告訴我這個情況時，整個人激動了起來，語速更快，在座位上身體焦慮地向前傾。

他告訴我，「我很害怕跟他會談。每次和這名學生見面後，我都覺得非常沮喪和白費力氣。因為他就態度很差地走進我的辦公室。」

我認真地聽著，表示我可以理解他對即將到來的會談感到恐懼。然後我對他說，「讓我們來試試看，跟我說一個你很喜歡的學生。」瑞克告訴我另一名他正在進行一對一輔導的學生，他覺得這名學生充滿活力、積極主動，而且令人愉快。事實上，瑞克成功地把這名學生介紹給重要的招聘人員。他告訴我這個故事時，語氣變得輕鬆，身體也放鬆了，突然間他又笑了起來。

「好吧。」我說，「我希望你記住第二個學生，就是你很欣賞的那位，一直記著直到難搞的學生走進來。看看這次你從他那裡得到的反應，是否不同以往。」他同意試試看。

那天下午晚些時候，瑞克給我打電話。「真的太棒了！」他說，「非常有效！我們的互動變得完全不同，我們的會談是正向和有效果的。」他迫不及待地說出這些話來。

後來每次我們見面時，瑞克都會讓我知道他與那名學生的進展。之後他們兩人的互動愈來愈好，最終他不僅更了解那名學生，可以有效地幫助他，而且也喜歡了這個人。

在任何互動中，每位參與者都會釋放影響氣氛的能量。因此，要更加察覺自己與對方的行為和感受，以及雙方的交互影響下，對互動有何貢獻，藉此有效地利用好感，建立有意義的人脈連結。畢竟，我們通常根本沒有意識到自己散發的能量。但能量會影響我們的溝通，它可以對我們有利，也可能對我們不利。

能量會傳染

想想最近你覺得得心應手的場合，你會如何描述自己當時的心情和言行舉止？不管你用什麼詞，請描述你散發的氣場和能量。此外，你的描述應該包含其他人對你的感覺，甚至是你開口說話之前就對你有的感受。

有時，人們更會將他們天生的能量和生活方式，總結為一句座右銘，例如「永遠別被人看穿你很緊張」或「最重要的是微笑」。這些是他們的生活圭臬，明確且精煉地展現出能量。而能量來自於你的本性和當下的心情，你可以從肢體、表情、姿勢，甚至呼吸方式感受到個人能量。而且，其他人也會接收到這些訊號，和你在特定時刻的用字遣詞。同樣的，你也會接收到其他人的能量，並以同樣的方式做出回應。

我們為某種場合帶來的能量，會影響我們與外界的互動方式。能量是會傳染的，這就是**能量法則**。我們釋出的能量可以激勵其他人，也會讓人洩氣；可以提高生產力，也可能讓人更加困擾。能量會影響人們的互動，促進人脈連結。

別人會接收到你與人互動的能量，進而影響結果。畢竟，你釋放什麼樣的能量，就會接收到相應的能量。所以在參加任何場合之前，讓你的能量達到最佳的狀況，可以讓結果大不相同。關鍵是，要啟用最適合該種場合的能量。一旦我們明白能量是自己創造出來的，我們可以努力去控制能量，而不是受到能量牽制。換句話說，知道在特定的場合，或與特定的人打交道時，什麼能量是最有效用的，並讓自己達到最佳狀態，這樣你就更能影響結果。

如何運用能量法則？

要想讓人感受到你的真心誠意，你必須忠於當時情景下的自己和你的能量。關鍵不是要刻意成為會場最活潑的人，更重要的是要真誠。但這並不代表讓糟糕的一天破壞你和你傳遞給他人的能量。畢竟，即使面對挑戰、困難或干擾，我們也能散發出真誠的正能量，這是有效建立人脈連結的基本要素。而學習如何在正確的時間、適當的地點，散發出恰當的能量，並真心地去做，是與他人有效建立人脈連結的關鍵。真實的正能量是討人喜歡的。

要了解能量法則運作的方式，請考慮三個問題：

一、你現在的能量是什麼？

二、對方的能量是什麼？

三、你對自己的能量了解多少，對彼此的「能量期望」夠清楚嗎？

先來說你的部分：你現在的能量如何？

為了讓能量發揮到最佳效果，我們必須與能量保持一致。這意味著要知道我們在特定時刻散發出什麼能量，而且要確定它的效果如何，並在必要時進行調整。

瑞克完全沒有意識到，他在助長他與那名火爆學生的不愉快互動。正如我親眼所見，他以恐懼的態度面對那名學生，他的肢體語言和語氣清楚地表明了這一點。他向那名學生傳遞負面的能量，所以他們不順利的會面成了自我實現預言。一旦瑞克調整了他與那名學生的接觸方式，並為會談帶來更加開放和正向的能量，他就能夠開始成功地與那名學生交流。而對方也接收到了瑞克的正能量，火藥味變得不那麼重了，能夠達成真正有成效的結果。

正如愛因斯坦說過，「瘋狂就是重複做同樣的事情，還期待會出現不同的結果。」請評估你在某種場合的能量表現，如果你發現有可以改進的地方，不要害怕改變。如有必要，可以利用其他場合的記憶，當時的你自然散發出正能量，運用這些回憶，讓你在面對新的場合或人物時，可以調整你的態度。還要記住，有時需要以身作則。根據其他人為互動帶來的能量，他們可能需要一段時間來回應你的轉變，但在採取行動和調整後，你就邁出了第一步，這將帶來更積極的成果。

實踐心法　轉變你的能量

你要參加一個場合時，若你覺得自己沒有把最好的一面展現出來，請轉變你的能量，讓正向、真實的你表現出來。

想想你要表達的情緒，然後回想你在哪一刻有過這樣的感覺。盡量回憶細節，讓記憶力盡可能清晰。例如，聽到客戶說你的解決方案發揮成效、看到同事對你欽佩的神情，或是自己在預算內，按時完成艱鉅的任務。想想當時的感覺，那你現在有什麼感受嗎？而且，練習這個簡單的技巧時，你會發現身體放鬆了，自信心油然而生，你的能量會轉向記憶中的能量，就是那個你重新連接上的正能量。把轉變後的能量帶入新的場合，這就是你將散發出來的能量。

接下來，注意別人：對方的能量如何？

人脈連結就其本質而言，需要雙方的參與。為了能以最積極的方式影響社交場合的能量，我們不僅需要了解自己的能量訊號，還需要了解其他人的能量訊號。

很多時候，我們已經有這種本能。例如，我們打電話，對方回答「喂」時，我們會立即透過這個字和其傳遞方式，來解讀電話另一頭的能量。對方的聲音聽起來是草率的、爽朗的，還是有所戒備？

肢體語言、語氣和語速都是一個人的能量指標。一個人若揮舞手臂、說話像機關槍劈里啪啦地，與另一個人說話冷靜、深思熟慮，手臂交叉顯示在沉思，這兩種人散發出的能量完全不同。

請接受以下這個事實，你對能量訊號的解讀可能要更清晰，才會完全正確。儘管目光朝下和手臂交叉可能顯示某人沒有興趣或覺得無聊，但在不同的情境下，這些姿態或許只是意味著這個人正在進一步考慮某事。如果你不確定某人所傳遞的訊息，請提問來釐清狀態。但在進行此類詢問時，請注意你的時機和語氣，並使用中性的用詞。你可以使用以下的句子，來表達你希望得到說明：

- 談一下會有幫助嗎？
- 你還想到了什麼？
- 對此你有什麼想法？

• 都還好嗎？

「能量」如何影響人際關係？

除了散播自己的能量之外，了解其他人為社交場合帶來的能量也很重要，因為能量會影響整體的交流情形和結果。

迄今為止，我感受最深的經歷，是在政府單位舉辦的解決衝突工作坊，該單位有許多不同種族的員工。在上午場的時候，我們把重點放在解決職場衝突時的最佳用詞、可採取的方法，以及如何改善溝通。在當天的尾聲，我讓員工兩人一組，討論和描述真實的職場衝突。

有一位女士告訴她的同組夥伴，她無意中聽到一位愛爾蘭裔女同事在談到客戶時說：「哎喲，為什麼人不能只講英語就好了？」這句話真的很傷這位女士，她自己是拉丁裔，所以把這句話當作是對她個人的侮辱。她告訴小組夥伴，這件事發生後，她覺得自己很難在那個女同事旁邊工作，甚至很難和她說話。事實上，自從這件事發生後，她就沒有和對方說過一句話。

我問這位女士，是否可以與小組分享這個衝突。她同意了，所以我請她把這個故事跟大家說。她這樣做時，她的用字、語氣和肢體語言，都表達了她對當時情況的強烈憤怒，我馬上就能感覺到其他組員都有同樣的感受。「開什麼玩笑！」一位女士大喊道。「完全不能接受啊！」教室後面有一名男子大叫了起來。感覺就像是彈指一揮間，這群人的能量變得暴躁，充滿敵意，而且還在不斷增強。屋內好像突然籠罩著暴民的心態。

「好了，等一下。」我說，「這句話有沒有可能被斷章取義？你知道客戶案子的過去完整情況嗎？或者，客戶和那位同事究竟在談什麼？」大家似乎願意聽看看，所以我繼續說，「讓我們想一想，還有什麼因素促使了那位同事說那種話。」隨著小組開始討論不同的可能性，屋內的氣氛發生了變化。有人提出，也許那位女士對自己無法完成工作感到沮喪。另一個人認為，也許那位女士害怕丟掉飯碗，因為她沒有雙語能力。最初提到這件事的拉丁裔女性也勇敢地說，她在生氣之前，沒有試著了解全部的背景情況，也許她助長了她在抱怨的敵意工作環境，繼續惡化下去。等到講座結束時，暴躁的能量已經消散，並演變成好奇，甚至能夠同理。透過探究情況，放棄固有僵化的假設，這群人能夠把能量從負面至少轉變為中性和開放，從而以最具建設性的方式，替解決衝突，做好了準備。

了解一個人或一群人的能量，使我們能夠更有效地與他們產生連結。到頭來，重點不在於個體，而是這些個體如何分享他們的能量來與人互動、互相理解和交流。

實踐心法 如何應對他人的負能量？

如果別人釋放難相處、難以解決或沒有效益的能量，你有四種選擇：

一、**火上加油**。這往往是最容易和最直覺的反應，因為你會衝動地表現出自己的想法和感受。但這種反應也顯示出，你對眼前的人或情況缺乏更深入的了解。如果一味回傳別人負面或有害的能量，你會讓情況加劇和擴大，這可不是個好結果。

二、**安撫打發**。想像一下，有一位同事來到會議現場，因為某事而大發脾氣。她讓自己陷入了非常生氣的情緒，而你的反應是，「冷靜點，我相信事情會好起來的。」這樣的反應似乎是出於好意，畢竟你只不過是想反駁或轉移你認為無益或無用的能量，但這樣通常會適得其反，因為忽略了同事當前的心情，認為她是錯的，並可能讓她感到被誤解。同樣的，這樣的結果也不好。

三、**讓自己脱身**。只要你以積極的方式進行，這可能是有效的方法。有時候，從困難的場合中脫身，可能意味著你是鴕鳥心態，在迴避事情，希望事情消失。這可能會讓對方感到被忽視，讓不好的能量延續下去。但是，如果你意識到你當前的能量對情況沒有幫助，那麼讓自己脫身可以使你有機會改變做法，用有成效的方式回來處理情況。這個選項也可以給對方時間，讓他調整好心態，並以建設性的能量，重新處理情況。

四、**盡量同理對方**。這是目前為止最有效的方法，可以幫助別人轉移能量，讓你更能與對方交流。而在與別人打交道時，請讀懂他們發出的訊號，傾聽他們所說的內容。然後在回應時，用略低或略高於對方的能量，來證實他們的能量狀態是對的。畢竟，完全配合對方的能量不會幫助他們擺脫負面狀態，但**盡量**配合會讓他們知道你懂他們的意思，讓他們得以積極調整能量。對於發飆的同事，你該有的反應不是「放輕鬆，沒事的。」而是「哦，我不敢相信有這種事！」或是「我可以懂你真的對此感到生氣。」不要淡化同事的挫折感來反駁他，而是要貼近同事的能量狀態，然後以自然的節奏逐漸提振他的心情，幫助他轉移能量，變成更溫和、寬容的心態。

幫助別人轉移能量，可以促進彼此的交流，增加建立良好關係的機會，還可以提升信任，並創造「情緒記憶」，這個概念我們將在第八章詳細介紹。

讓我們想像同一個場景的三種不同結果。假設有一對夫婦，希拉和查爾斯，他們在前往活動的路上。希拉正在開車，她迷路了，她開始擔心他們會遲到。她愈來愈搞不清方向，也更加不安，焦躁地表示她不知道該怎麼辦。

她**很討厭**遲到。

坐在副駕駛座上的查爾斯知道希拉討厭遲到。第一個可能的結果是，面對希拉的恐慌，他也生氣，大吼了起來。現在，他們不光是迷路又遲到了，而且還在吵架。查爾斯用更多的負能量來回應此刻的負能量，從而加劇了希拉的恐慌，這種情況回饋給希拉，直到局勢失控。

第二種可能的結果是，查爾斯對希拉的恐慌，隨口說了一句：「冷靜點，沒什麼大不了的，誰在乎我們有沒有遲到？」顯然，希拉在意他們是否遲到，即使查爾斯不在意。她將查爾斯的冷漠解讀為，他沒有聽進和理解她在說的話。她甚至可能會過度解讀，誤會他有言外之意，以為他是在說她的反應不合理和荒謬，所以她更生氣了。

在第三種可能的結果中，查爾斯用關心的語氣對希拉說：「我知道妳討厭遲到。」然後，他改用輕鬆一點的語氣，但聽起來仍然很關心，「我們大概還有十五分鐘。我們是不是應該打電話，讓他們知道我們迷路了？也許他們可以告訴我們怎麼走。」現在，他正試圖貼近希拉的心情，幫助她擺脫恐慌，轉變成對她和情況都更好的心態。查爾斯表現出他是關心和在意的，並理解希拉的問題，他的能量和她的能量一樣認真，但比她更平靜一些。他沒有用激怒她的方式來控制情況，而是提出問題來產生建設性的能量，以便他們都可以參與解決問題的過程。

我把第三種反應稱為**提示性問話**，或**探索式問話**。關鍵是要記住，你可能無法得到期望的答案，你必須能接受這樣的情況。否則，你並不是真的在問話，只是在陳述句後面加了問號罷了，無法得出共同的解決方式。如果你沒有得到希望的答案，想想看還有什麼可用的方法，然後嘗試另一種方法。

上述例子是關於人與人之間的日常相處，但同樣的原則也適用於職場。情緒和能量水準會根據其他同事的行為和反應，發生積極或消極的變化。我的一位年輕同事，在新工作上班幾週後，對某些招聘承諾沒有實現感到不滿。她向同樣資歷較淺的同事表達了自己的不滿，而那位同事反應出震驚和憤怒，這樣的情緒與她本人的情緒一致。由於接收到這種直接反饋給她的能量，她就大步走到人力資源部去投訴。

結果是，公司會遵守招聘的承諾，只不過這位女士對這份工作太不熟悉了，所以她還不了解公司的程序。幸運的是，事情過去了。但她很後悔提出了投訴，更後悔的是把這件沮喪的事告訴了那位同事。因為她從過程中獲得了新的**能量認知**，立即改變了她與那位同事之間的關係。

再來，進行調整：你擁有哪些能量認知？

能量認知是你對自己能量的了解，以及根據過去的經驗，你對存在於你和另一個人之間的能量的了解。注意到我們的能量認知很重要，因為這使我們能夠投射出自己希望他人看到的能量，以在日常情況下有效地溝通，並在特殊情況下調整我們的能量，來產生最正向的結果。認知就是力量，能量認知也不例外。

對自己的能量認知

我們都有能量的人設，這個人設由我們的天性和綜合的人生觀（即對於不同情況，我們傾向如何看待和應對）所驅動。那你對自己的能量了解多少？你注意到其他人如何解讀你的能量嗎？即使我們傳遞的能量是好的，了解這股能量也很重要，且要時常進行調整，以達到不同的效果。另一方面，「好的」能量並不一定意味著「快樂」。說得更確切一點，好的能量代表對當時的情況，以及當下的你來說，任何有成效和真實的東西。

我的朋友瑪麗是記者，她天生好奇心強，她與朋友們聚在一起時，經常問很多關於他們生活中發生的事情。但她注意到，她的朋友多半不會向她問問題。她的能量人設是天生就很好奇，也許好奇心太強了，她的朋友也很清楚這點。但是為了建立友誼，取得更多的雙向交流，瑪麗必須有意識地調整她愛問問題的天性，並在談話中適時分享自己的經驗。當然，有一兩個朋友自顧自的，沒有發現瑪麗努力調整自己的能量，但她大多數的朋友，無論有沒有特意，都注意到瑪麗的改變，並開始與瑪麗聊她生活中發生的事情。

我有一位叫凱莉的客戶，很愛交際，散發出「你可以依靠我」的能量。她很自豪能在朋友遇到困難時，陪伴在他們身旁，而且在朋友身陷困境時，她經常是那個打電話關心他們的人。然而，她自己的人生卡關時，卻發現沒有人打電話給她，這讓她非常沮喪，別人並沒有像她對待他們那樣關心她。她找她最親近的朋友來了解原因，他們的反應讓她很震驚。其中一個人對她說：「妳看起來不需要幫助。」另一個人說：「妳看起來很堅強，似乎從不需要任何人的幫助。」她能幹、女漢子的能量讓朋友認為她不想、或不需要幫忙，但事實恰恰相反。透過放下警戒心，並淡化她超堅強的氣場，她轉變了能量，使她與朋友相處時，變得更感於表現脆弱的一面，這樣就能夠獲得她需要的支援，而她的朋友實際上也想給她支援。

了解自己的能量，讓我們知道它什麼時候對我們有利，什麼時候不利。而在關鍵時刻對這種能量進行調整，可以改變特定情況的能量，使其對各方來說都更有成效和充實，提升你給人的好感，並增加建立人脈連結的機會。

實踐心法　你的能量人設是什麼？

要更了解你的自然能量，做法很簡單：去問別人。從你生活的不同面向，選擇至少五個人，並挑與你有良好關係的人。你問的人愈多愈好。可從以下問題開始：

- 在你生氣時，你認為我會有什麼反應？在你開心時呢？在你難過時呢？
- 一般來說，你會如何形容我的脾氣？

- 你會如何形容我的個性？
- 事情變得棘手時，你覺得我會如何反應？
- 我是個什麼樣的朋友／同事？

寫下他們的回答，並尋找重複出現的描述性詞彙。仔細查看同事、家人和朋友的描述之間是否有差異。有時我們散發的能量會因環境而異，但這些不同的能量都是我們真實的能量。

對別人的能量認知

第一次見到別人時，我們就開始建立關於他們的能量認知。如果你與某人有深厚的關係，問問自己：我們之間存在什麼樣的能量認知？而在處理兩個人之間的能量時，管理期望很重要，我稱之為「能量期望」。想一想，為什麼有人會在特定情況下找你，又是什麼促使你去求助於特定的人？答案是，這些選擇是基於我們對彼此的能量認知，這就是能量期望的意思。比如，你試圖解決與同事的問題時，你會找誰？你想用不落窠臼的方式解決問題，需要人幫忙時，你會首先求助於誰？你需要休息一下，想找點樂子或打屁說笑時，你會找誰？

透過了解我們對其他人的能量期望，可以清楚了解自己在尋找什麼，並向他們傳達我們的需求。能量認知減少了溝通不良和挫折感。儘管能量認知和能量期望是加深人脈連結和取得正向成果的寶貴工具，但要明白，在特定情況下，我們的期望有可能無法實現。但不要因為這樣就撇棄你累積的能量認知，而是要調整你的想法，看看是否可以找其他人，來達成你想要的結果。要保持開放的態度，因為你的能量期望可能會落空，這時需要重新評估。

同樣的，注意到別人對我們的能量期望也非常有用，因為這有助於我們更有效地達成他人的期望。這些資訊還可以幫助我們判斷，如果達成別人的期望是有害的，我們需要特意**不去達成**這些期望。

例如，我的好朋友布萊恩分享了一個故事，他的同事傑伊來到他面前抱怨老闆。傑伊抱怨說，老闆不願意批准某項專案，但傑伊為了這個專案重做了無數次。過去，傑伊曾尋求布萊恩的支持，所以他與老闆發生衝突時，希望布萊恩能站在他這邊。布萊恩知道這是傑伊對他的能量期望，但他也知道滿足這種期望對情況沒有任何幫助。布萊恩只問他：「你只是想發洩一下，還是想要我的建議？」他給了傑伊這兩個選擇，基本上是問傑伊他想怎麼做，但沒有任何跡象表示，他會和傑伊一起說老闆的壞話。

由於只有這兩個選擇，傑伊選了後者、徵求布萊恩的建議。布萊恩告訴他，他明白這種情況肯定令人非常沮喪，但也許傑伊需要的，是把專案匯報給老闆，共同評估容易出錯的地方，而不是氣老闆一次又一次地挑剔他。傑伊最終確實完成了這個專案，還好布萊恩**沒有**滿足傑伊對他直覺上的能量期望，這才幫助到了他。

我們想要的事情，也就是我們對別人的能量期望，可能讓我們無法獲得期望的結果。也就是說，人們並沒有一直在尋求富有成效的能量，也沒有萬全之策來處理這種情形。因此，問問自己，在這種情況下怎麼做才有幫助？從長遠來看，又該怎麼辦會有用？如果對事情有幫助，也可以問對方上述問題。在他們想要的東西和實際上對他們最有幫助的東西之間，設法取得平衡。想一想，如果你屈服於沒有效益或破壞性的能量期望，是否可能損害人際關係，或對情況產生不利的影響？

我們真實的能量通常是一致的，但總有一些時候，它會受到內在或外在力量的不利影響。但這並不是說累積能量認知是在做白工，而是提醒我們，即使處境困難，也能運用對能量的了解，創造正向成果。

實踐心法　你散發著「有用的」能量嗎？

能量是所有交流中存在的元素，這種元素無法用語言來描述，因此意識到你互動時的能量很重要。你的能量是否對你、對情況和對人際關係有益？對方的能量在這些方面又有何影響？

一旦我們發現自己經常對別人的能量抱持消極的態度，這時要更明白這樣的情況，可以問自己以下問題：

- 我從雙方共同的能量體驗中得到了什麼？
- 對方可能從中得到什麼？
- 結果是什麼？
- 我怎樣才能改變我的反應？

我的客戶安琪是一位六十多歲的中階主管，她是獨居老人，最近剛離婚。她開始把辦公室裡的每一次互動，無論大小，都當成人身攻擊。後來，她問自己這些問題，她有些明白了：

- 她用憤怒來保護自己，因為這樣感覺比示弱更安全。她還在工作場所發洩憤怒，而這些憤怒她從來沒有向她的前夫表達過。
- 她的負面能量導致她在生活和職場上，都感到與同事有隔閡。
- 如果她不再假設每個人都會突然找她麻煩，她就能減少與人互動中的憤怒，並帶來更為中性的能量，這將營造出理解、包容和有生產力的氛圍。

如果你問自己同樣的問題，發現你的能量對某種場合沒有益處，就再次回顧本章前面的練習來調整你的能量（見〈實踐心法：轉變你的能量〉）。另外，仔細看看你對「我怎樣才能改變我的反應？」這個問題的答案，評估你想要做出的能量轉變。如果別人的能量對情況沒有益處，請幫助他把能量轉向更正向的方向，與對方一起建立新的能量認知。

了解自己拓展人脈的能量

有些人本能地對**拓展人脈**這個詞反感，有些人則很喜歡，還有一些人的反應取決於當時的能量，以及對該場合的預期。

使用你對自己的能量認知，來判定你**拓展人脈的能量**。想想在什麼情況下，你最真實的能量會展現出來？例如，在午餐或晚餐時間，與同桌的一兩個人專注地交談時，你有最自然的正能量嗎？還是，有機會與許多人進行短暫交流，如參加雞尾酒會，你能展現最棒的天然能量？你是在白天還是下班後的活動中，能最積極地與他人連結互動？

我們的能量隨著不同的場合、地點、氣氛和時間起伏變化。一旦我們了解自己拓展人脈的能量，就可以創造最符合我們自然狀態的機會，產生最好的成效。只要你選擇你最自在舒服的情境，換句話說，那些符合你的社交能量的情境，此時你的真實自我就會表現出來。

但請記住，盡量擴展自己的可能性也很重要。這並不意味著在你不自在的時候假裝自在，而是在某些場合，積極轉變你的能量，擴大你與人互動的範圍和深度。如果你的能量人設很活潑好動，而且你發現自己在社交場合中經常處於談話的中心，那麼你可能想呈現自己也可以是好的聽眾。假如你偏向深思熟慮和慎重行事，尋找機會展示自己也能讓對話熱絡。藉由擴大真實能量釋放的時機和方式，我們就可以增加機會，建立有意義的人脈連結。

要點整理

能量法則：能量是有感染力的，我們釋放出什麼樣的能量，就會得到什麼樣的能量。

找到對的能量：傳送真誠的能量並不是要你隨時都開心快樂，而是就算你身處困難或面臨挑戰，還是能以真誠自然的面貌示人，並持續建立正向的人脈連結。

辨別你與他人的能量：辨別自己在特定情況下散發何種能量，能讓你了解自己為互動帶來哪些效應，以及能做出哪些改變，來帶出最正向的成效。若能辨別他人散發的能量，就能在必要時調整自己的能量，確保事情照常運行。

能量認知是強大的利器：隨著時間演進，我們會更充分理解自己與他人的能量，這對鞏固人脈與提升生產力來說是一大關鍵。而能量期望則是我們根據對能量的認知，對自己與他人抱持的期望。

發揮你的拓展人脈能量：要創造有效的人脈連結機會，判斷哪些情況能傳達最正向真誠的能量很重要。

PART II
建立

務必要交流

Likability

幾年前，我參加了業界的圓桌討論會，遇到了阿拉娜。她坐在桌子的另一端，所以會議期間我們只有眼神的交流，但在聽了她對小組的意見後，我很想進一步認識她。在討論結束後的交流會上，我找到了阿拉娜，並和她交談。

從表面上來看，我們沒有太多共同點。她的年紀比我大很多，大概六十多歲，沒有小孩。而且她沒住過這個地區，才剛剛搬來，甚至她的特殊專長我也不太懂。然而，我們卻輕鬆地聊起天來，還聊到活動結束。我們決定一起喝杯酒，兩個小時後，我們繼續發掘彼此契合的地方，以及可以互相幫助的各種機會。她有豐富的團體教練經驗，所以比起做專屬培訓師，她更喜歡擔任團體教練。而在我的業務中，專屬培訓師的服務開始大受歡迎，我也喜歡培訓師的工作，所以我需要另尋合作夥伴，才能夠滿足客戶對團體教練的服務需求。

直到現在，我和阿拉娜仍然會合作，我們經常互相介紹客戶。然而，如果我在遇到她時只是依外表來判斷，忽視了我對她的好奇心，並假設我們沒有共同點，那我永遠不會發展出這種成果豐碩的關係。

我記得在和阿拉娜見面後的那個晚上，我走在回家的路上，向自己重申了我的人生觀：**務必要交流**。我與阿拉娜的關係不斷提醒我，建立人脈連結的機會出現時，要好好把握。要開口與別人搭話，不要都不說話，因為你永遠不知道對話會帶來什麼契機。

無論我們處於職涯的哪個階段，建立新人脈連結都是生涯持續發展和成長的關鍵。一開始，要建立和維持這些人脈可能令人卻步。之後，隨著我們在事業上取得進展，有效建立新人脈連結等基本技巧恐怕會衰退，因為我們不見得會像以前那樣經常使用這些技巧。但無論如何，有意義的關係都會帶你邁向高效、令人滿足的事業，而建立這些關係的方法是相同的：保持好奇心、傾聽、尋找共同點，以及創造正向的感覺。

在第二部分的四個章節中，我們會仔細研究這些概念，學習在與人互動時，如何有效地利用這些方法，並理解為什麼**一定要**進行對話。

5

好奇心法則

「重要的是不要停止提問，好奇心自有其存在的理由。」

——愛因斯坦

在一場雞尾酒會上，我和希維亞站在同一小群人當中。我們聊了幾分鐘，她聽到我是一名教練時，提到她正在考慮自己創業。這時，她的丈夫走過來告訴她，他們該走了。她問我是否願意找個時間喝咖啡或吃午飯，我說當然可以，在這種情況下我幾乎都會答應，然後我們交換了名片。

幾天後，希維亞與我聯絡，提出幾個吃午飯的日期。我的行程非常忙碌，但我找到一段空檔可以與她見面，於是我們敲定了細節。

在去見她的路上時，我的腦子裡有一百萬件待辦事項快速掠過，我心想，我當時到底在想什麼，竟然同意午餐約會。到目前為止，我幾乎沒有和這位女士談過幾分鐘的話，但我把這次的會面排在了一些很重要、很急迫的任務之前。有鑑於我那週的工作量，與一個幾乎陌生的人共進午餐並沒有很方便。

我們坐下來吃午餐時，我突然意識到我對這個女人幾乎一無所知，而且我們連自然的話題切入點也沒有，所以我就開始問她問題。希維亞也渴望更了解我的教練工作，她對我的生活和專案提出了很多問題。我以為她想向我請教關於創業方面的事，所以我在談話中加入了一些建議。

她講愈多她的事，我就愈好奇。原來，她正在打造虛擬助理事業，然後在私立學校工作，並為青少年舉辦工作坊。這些事情聽起來十分有趣，我想更了解她是如何發起青年工作坊、她創辦虛擬助理業務的緣由和她計畫提供的服務，以及她為私立學校安排集體活動的成效。

我們之間的人脈連結以及明顯互相幫助的機會，繼續顯現出來。但在我們開始問對方問題之前，我不知道有多少事情可以談。

英文俗言說，好奇心可能殺死貓，但我可以告訴你，好奇心絕不會扼殺談話。事實上，對別人的工作、生活、興趣、觀點或需求，表現出真實的好奇心，是展開對話、保持交流和建立人脈連結的好方法。

主動交談，從好奇心開始

對於許多人來說，與某人展開對話感覺很彆扭，甚至像是苦差事。我們可能會覺得自己沒有什麼有趣的事物可以跟對方講，或是不想說愚蠢的話來讓自己丟臉。或者，我們只是覺得自己沒有時間認識新的人、或更了解某人。畢竟，生活已經夠忙了，所以不覺得需要更多的朋友。但是，持續與人展開對話，並對人充滿好奇心，這是建立珍貴關係的基礎，因為好奇心創造了人脈連結。這就是**好奇心法則**。

如果你不知道如何對話，要先保持好奇。請記住這一點：人們喜歡交談。你只需要知道如何讓他們繼續說下去。我並不是鼓勵你被動傾聽，讓對方唱獨角戲。畢竟，好的對談包含了互相交流，而且是兩個人真誠地參與、傾聽、回應和互相交心的交流。

你真正想了解這個人的什麼？你想知道帶領那件如此廣受好評的專案是

什麼感覺嗎？你聽說過這個人精彩的壁球比賽事蹟嗎？如果你對這個人一無所知，可以問一些你在遇到對方時，會想了解的一般問題。比如：他們的愛好、運動興趣、最喜歡的家庭度假地點或冒險地點等各式各樣的問題。通常你只需選擇一個話題，就能讓對話進行。一旦你們開始交談，一個話題就會變成下一個話題，源源不絕地接續下去。很快地，你們就產生了人脈連結。

用好奇心，創造互惠互利的關係

在與希維亞共進午餐之前，我對她的唯一了解是，她希望擴大自己創辦的事業，但我連那是什麼事業也不知道。我以為她請我吃午飯，是因為她想在發展業務方面，得到指導。但我繼續問她問題，想知道怎樣最能協助她時，我發現我們有愈來愈多的共同點。我對她的職涯演變很感興趣，而且聽到她投入青少年的輔導工作讓我特別興奮，因為我一直想為這個年齡層的人做更多的事。沙拉吃到一半時，不再是我指導她，而是她建議我如何與學校接洽，何時向學校預訂工作坊活動，以及什麼類型的主題最適合青少年族群。午餐結束時，我聘請她為我提供諮詢，教我如何把我一直在設計的青少年工作坊，發展成成熟的專案。

希維亞來吃午餐並不是為了推銷她的服務，但後來她發現我們的興趣高度重疊，以及可以互相幫助時，她變得跟我一樣興奮。我們對彼此的真誠好奇心，揭開了兩人擁有的無數共同點。我們將在第七章的〈相似法則〉看到，人們的共同點可能是彼此最強大的連結方式。

如果沒有積極跟隨好奇心，我和希維亞不會這麼快發現，雙方有大量共通點。我們一起投入我的青少年工作坊專案時，兩人不僅討論了眼前的任務，還聊了生活變化。我聽了她與異性交往的煩惱，她聽了我對小孩學前教育的困擾，我們都幫助對方思考下一步。我最終也為她做了輔導，商討如何拓展她的業務。由於好奇心，我們找到了多個合作機會，了解到雙方有許多共同利益，由此建立的人脈連結不僅持續至那次午餐之後，更延續到合作了兩項專案。我們建立了互惠互利的關係，並且繼續開花結果。

真誠的好奇心可以促成更真實與投入的對話，這為持續的關係奠定了基礎。即使是經驗豐富、多年來已經懂得與人建立寶貴人脈連結的專業人士，同樣也能因為把「保持好奇心」牢記在心而受益。隨著事業發展，我們事情會變得過多，然後就忘記經營新人脈連結的價值。然而，對別人表現出真心的興趣，不僅會增加別人對你的好感，而且你永遠不知道這樣可能會帶來什麼機會。

問的方式對了，好機會就來了

好奇心似乎很簡單，只要開始問問題，對吧？這是一種方法，但能否成功，某種程度上取決於對方回答問題的熟練程度。不過，你可以改變你提出的問題類型，來幫助對方。像是在談話開始，或談話陷入僵局時，提出開放式問題。但如果你們已經沉浸在討論中，使用探索式問題來進一步推動對話。比方說，選擇廣泛的話題，或關注特定的事物。只要你問的事情能激起你對這個人的真正好奇心，問什麼問題實際上並不重要，你的目標是發現彼此的共同點，以及你能給對方帶來的價值（第十章將進一步討論，我們與他人互動的價值）。

用「開放式問題」，鼓勵對話

開放式問題指的是，不能只用一兩個字就能回答得了。一般來說，開放式問題以**什麼**、**如何**、**怎麼會**，或者**為什麼**作為開頭。「什麼風把你吹來了？」這個問題可以鼓勵對方提供完整的回答。但若問「是你的公司派你來的嗎？」對方只能用「是」或「不是」來回答，或者可能給出簡單和有限的回答，像是「你也是嗎？」幾乎所有可以用「是」或「不是」，或其他幾個字就能回答的問題，都可以換種問法，來鼓勵對話。把「你是不是……？」或「你會不會……？」換成「是什麼」或「你會怎樣」，就打開了更深入對話的大門。比如，把「你喜歡住在亞特蘭大嗎？」改成「住在亞特蘭大有什麼讓你喜歡的地方？」把「你會推薦這家供應商嗎？」改成「與這家供應商合作，如何幫助你們公司提高生產力？」

在對話前，盡量在腦海中準備幾個可能的話題，以防你需要好幾個話題，來讓談話進行下去。根據你的談話對象，以及相遇的情境，你選擇的開場白應該因人、因事而異。例如，你們任職於同一產業嗎？你們都參加特定的活動嗎？對方住在附近嗎？選用有關聯的開場白，即使很籠統，也能替對話創造背景資訊，並促進由此產生的人脈連結。

在說完「你好，我是……」之後，可以測試一些本書建議的開放式問題，並在不同的對話中混合使用，使你的溝通和交流技巧處於最佳狀態。

提出一般性或針對個人的問題

第一次見到某人，尤其身處陌生環境時，可能很難找到與人或場合有關的開場白。不過，在這些情況下，你可以使用籠統的備用問題，所以好好應用吧。其中許多可能讓人覺得像是以前都聽過的老掉牙問題，因此一開始對方的回答也許有點死板、沒什麼意思。儘管如此，你可以利用這些回答，了解對方的有趣細節，這樣你就可以提出更多問題，並擴大對話的內容。

① 你是做什麼的？

雖然這個問題很老套，但百試不厭。這是很常見的問題，你可以向任何人提出。而這個問題的延伸問題也同樣好用，「你閒暇之餘在做什麼？」如果對方已經退休，或就業狀況不明，或這個話題有點敏感，你可以稍微調整一下問題，改問：「你在哪個領域工作？」甚至是「你接下來想做什麼？」而提出這個問題的關鍵，是傾聽和理解答案。換句話說，你需要真正聽到對方在說什麼。嘗試透過他們的回答，替與你交談的人，設想哪些客戶或聯絡人資訊可能對他們有用，接著提出新問題。像是他們怎麼選擇自己從事的行業？如果他們是企業家，他們找到第一個客戶是什麼感覺？繼續對話的可能性是無窮無盡的，只要跟隨你的好奇心就對了。如果有人反過來問你，「你是做什麼的？」請藉此機會展開更多的對話管道。你可以這樣回答：「你是指工作的時候，還是空閒的時候？」

② 你對這種天氣（或其他事情）有什麼看法？

另一個打破冷場的制式問題，是詢問天氣。儘管談到暴風雨、異常溫暖或嚴寒的天氣等問題可能會引導出毫無意義的閒聊，但也可能會展開成果更豐碩的人脈連結。根據對方的回答，你們或許可以聊剷雪的費用，或是比較家鄉的天氣。還可能聊到最喜歡的度假勝地，或者為什麼這樣的天氣對你的業務是好事，或是不太好。從一個普通的問題開始，並準備好根據回答，進一步展開對話。

③ 你有小孩嗎？

即使對方的回答是「沒有」，這仍是很好的問題，能讓對方打開話匣子。如果答案是「有」，則很明顯可以有大量的話題。假如答案是「沒有」，你可以接著一派輕鬆地說，「所以你可以一覺到天亮？」或「我懷念那些不用帶小孩的假期啊！」然後看看對話怎麼進行下去。

詢問他們的意見

詢問別人對某事的看法，藉此來打開話匣子，這是萬無一失的方法。選擇你喜歡的任何話題，例如政治、體育、華爾街的最新消息，只要確保這也是你想談論的話題。畢竟，如果你不是真的對此感到好奇，你就不會完全投入交流當中，這樣你建立真實人脈連結的機會就減少了。

身為忙碌而經驗豐富的專業人士，有時我們會急於做正事。但記得要保持好奇心和提出不同的問題，這樣我們就能從中受益。不要只拘泥於平常的做法，要準備好分享你的意見，畢竟你正在嘗試建立對話。而詢問他人意見時，對於你仍在認識的人，最好說話保持委婉。幾乎每個媽媽都會建議你：「如果你沒有什麼好話可說，那就什麼都不要說。」記住這個媽媽經。但這並不意味著你必須隱瞞自己的真實想法，因為那些你**不說**的事，也可以不言自明。

而詢問意見的話題不勝枚舉，以下有一些例子：

①你覺得那個講者怎麼樣？

這是有趣的話題，因為不僅對被問的人，對你也是很容易脫口而出的問題。但在你問別人這個問題之前，先問問自己，你是否真的在意，以及你應該在意的理由。如果你問這個問題，但你自己根本不感興趣，那就會暴露出來。而你實際上對這個問題的回答感興趣的原因，可能有很多。也許講者說了什麼話但你沒聽到，或者你想確認自己理解講者的話。也許你正在計畫一場由講者主持的活動。一旦你清楚了解你為什麼在意，那就可以提出最有成效的後續問題。

②你對新任執行長（或其他事情）有什麼看法？

其他類似的問題可能是，「你對球隊第一輪選秀有什麼看法？」詢問當前最新的公司消息或體育新聞，可以引發對各種事情的對話，而過去的工作經歷和最喜歡的球隊只是個起頭，尤其是話鋒一轉到企業，經常就能帶到「你是做什麼的？」這個問題。

③ 你對最近的外交政策變化有什麼看法？

與剛認識的人討論政治可能會踩雷，但這不失為一個好方法，來探查你與相識之人的關聯性。當然，這種類型的問題暗示了政治傾向，只是沒有直截了當地詢問，但這仍可以引導出許多話題。比方說，你提到在某處讀到某件趣聞，這可能會展開有關當今媒體狀況的討論。然而，詢問人們的政治觀點，可能引發非常熱烈和情緒化的對話。政治往往會揭露人們是站在同一陣線，還是處於對立陣營。如果雙方都喜歡這樣一來一往的交流，就繼續下去。但若事情變得過於激烈，可以用更溫和的話語來迴避衝突，例如，「我得考慮一下這個觀點。」

提出假設

另一種徵求別人意見的方法，就是提出假設情況，然後詢問對方的看法。這些假設問題令人深思，並且經常使人們擺脫預先準備好的回答模式。不過，假設性問題最好在閒聊一會兒之後再提出，因為此時雙方雖然有些人脈連結，但關係仍在加強中。而這些問題能顯露彼此之間意想不到的事情，範圍可以從專業領域到個人生活，也可以從實際到幻想。比方說，「如果你打敗交情很好的同事，然後獲得晉升，你會如何處理這種情況？」「假如你是執行長，你對這種情況會做出什麼決定？」「假設你中了樂透，你首先會做的三件事是什麼？」

而在提出假設性問題時，要保持敏銳。雖然這類型的問題可以加深對話的內容，但如果使用不當，可能會顯得冒犯或令人討厭。你可以在提問前，先初步詢問，來消除別人覺得不自在的可能性。例如，「你介意我向你請教某事嗎？」或「我正在處理一個棘手的問題，我可以向你提出一個假設的情況，並尋求你的意見嗎？」

有些人在這類問題上表現得特別好，回想第三章中的溝通風格矩陣。Z字型的人和圓型的人都喜歡假設性問題，Z字型的人是因為喜歡問題需要動腦的思考過程和探索想法的精神，圓型者則是因為喜歡問題中涉及個人層面，以及他們能夠幫忙找出解決方案。至於是否使用假設性問題來當開場白，你可能需要先確定對方的溝通風格，看看對方是否願意接受這類問題。

尋求建議

在對方確實可以提供幫助的情況下，尋求建議是很有效的打開話匣子方法。畢竟，如果人們可以提供幫助，會讓他們感到自己很有用，也會產生正向情緒記憶，在第八章中會詳細介紹這個概念。另一方面，無論你提出的問題多麼廣泛或具體，你都要清楚掌握，這樣它們才能準確地反映出你的興趣。如果你的問題對方幫不上忙，那就接著問對方是否有辦法讓你找到你想要的資訊。大多數人就算只能給出籠統的建議，也會感覺良好，並且更容易與你建立關係。

① 你能告訴我怎麼去……嗎？

這個開場白可能有點棘手，因為回答的人或許會預期，一旦你得到你需要的方向（例如，去酒吧、飯店的水療中心等），談話就結束了。儘管如此，這仍然是一種自然而直接的方式來接近別人。如果有人問你這類問題，主動陪同他們過去，並在路上聊天。

② 你建議哪一個？

根據你所處的環境，你可以尋求關於分組討論、課程、餐廳或飯店的推薦等等。而且，這類型的問題很容易展開對話，讓你能輕鬆接著問：「怎麼會……」你也能根據對方的回答，提出更具體的問題，比如：「會議的內容是基礎的，還是進階的？」或「你推薦哪道菜？」「這位教授的評分嚴格嗎？」

誇獎

誇獎某人是表達讚美、讚揚或欽佩的意思。誇獎與奉承完全相反，因為顧名思義，奉承是虛假或不真誠的，而誇獎是尊敬對方的表現。當然，你的誇獎必須真誠，以免被認為是奉承，但是如果你真的很欣賞對方，想要表達出來，那麼誇獎這個人可能是開啟對話的好方法。這不僅可以在你和對方之間創造正能量，還可以建立信任，並促進更好的理解。一旦人們意識到你注意到他們的正向特質，很可能也會開始尋找他們欣賞你的地方。先誇獎人，然後提出能反映你真實感受和好奇心的問題來證實，這樣使用誇獎的技巧通常最有效。

① 我喜歡那件襯衫／領帶／圍巾／夾克／項鍊。

給予稱讚後，你可以問一個很顯然、但有用的問題，「你從哪裡買的？」我曾經很喜歡一位女士佩戴的項鍊，於是問她是在哪裡買的，她回答說：「愛爾蘭。」她的回答使我們展開了一場充滿活力的旅行對話，而旅行又是我最熱愛的事情之一。詢問「在哪裡」可以讓你談論許多話題，例如：購物、風俗或家庭紀念品等。除非你問，否則你永遠不會知道會發生什麼事。

② 我覺得你問的問題很耐人尋味。

根據我的經驗，這個評語適用於會議的聽眾、講者或圓桌會議。說完這句誇獎後，你可以提出一個問題：「你覺得那個人的回答怎麼樣？」這種說法在與同事交流時，效果也很好。如果有人處理業務上的狀況，結果令人欽佩，請稱讚你的同事，然後詢問對方怎麼、以及為什麼選擇以這種方式處理。你不僅可以透過他們的回答更了解他們，還有望提升自己處理專業人際關係的技巧，而且還能給對方留下正確的情緒記憶，讓他們覺得自己是有用的和得到認可。

運用新聞：根據事件提問

這類問題可能與你正在參加的活動、早報上的時事新聞有關，甚至可以是簡單的日常事件（如買車等）。以事件來引導話題，就大致的意見和具體的細節進行對話，並根據對方的回答繼續擴充對話內容。而根據對方可能的回答，以下列舉了一些建議範例，教你如何接話。

① 你以前參加過這個活動嗎？

根據對方的回答，討論類似的活動，接著問：「跟你參加過的活動，或近期感興趣的活動相比，這個活動如何？」

②你怎麼看那件新聞？

比起詢問不明確的事情，選擇一則經廣泛報導的時事，能開闢更多話題。而接下來的問題可能從當事人的困境，到不同媒體的報導方式，再到當前情況讓人想起的先前事件。如果對方沒有聽說過，或沒有一直注意這個消息，那麼他當然不會有太多話要說。你可以快速為對方描述故事，或乾脆引入新的話題，來處理這種情況。

③你買過本田汽車嗎？

問一些諸如此類的日常問題，可能會有驚人的發現。對於你剛認識或仍在了解的人來說，談論消費品等中性事物可能比較自在。而這類問題會讓大多數人覺得你很重視他們的意見，所以才會問他們。接著可以問油價、不同國家汽車的製造方法，甚至是聊到開車旅行的記憶，你能說出來的事情都可以。

實踐心法 打造聊天題庫

到目前為止，我已經為你提供了幾個範例，說明不同類型的開場白。現在，你應該擴展讓自己感覺舒服的交談範圍，想出你自己的開場白了。以下是給你的挑戰。

對於上述各類型的話題，像是個人生活、意見、假設性問題、建議、誇獎和根據事件提問等，檢視一下前文的範例，並找方法修改，使這些問題能展現你的本色，然後為每種類型至少再想出兩個原創的例子。在練習結束時，你應該有了豐富的題庫，可在任何場合中與人展開對話，並能侃侃而談。

用「探索式問題」，終結冷場

為了讓大家相談甚歡，你必須學習探索的藝術。探索式問題深入挖掘正在討論的話題，並帶出更多可以深聊的內容。而前文已經提供了一些探索式問題的例子。一旦最初的對話火花被點燃，探索式問題就是很好的延續對話方式。

即使是好奇心最強的人，有滿腦子的探索式問題，有時也會發現自己在談話中突然碰壁。面對這種情況，先順著對方的話說出類似的觀點會很有幫助。想想到目前為止，在談話過程中，最讓這個人興奮的是什麼？如果你碰到一個話題，而對方興趣缺缺，就換一個新的話題，直到你找到有助於對話重新進行的話題。你得到的回答愈有活力，你就愈有機會探索對方，繼續建立人脈連結。

而探索主要有三種類型：澄清型、理性型和擴展型。

澄清型探索：我是否明確了解？

澄清型探索有效地表示你正在留心注意。做法是，改變用詞來重述或總結你所聽到的內容，並詢問你是否理解正確。或者，如果你認為自己不明白，請對方更詳細地解釋。澄清型探索也是很好的拖延談話方式，因為如果你正在考慮下一步要把對話引導到哪個方向，它們會為你爭取時間。不過，在提出澄清型問題時，要注意措辭。避免使用「你是在說……嗎？」這樣的句法結構，因為根據語氣和談話對象的不同，可能會被人誤解成震驚、批評，甚至是憤怒。取而代之的說法是，重述你認為你聽到的內容，然後用「我的理解正確嗎？」來查看自己的理解有多準確。

理性型探索：怎麼會？

理性型探索設法理解既定的選擇或行動背後的原因。或者，你也可以把理性型探索想成：詢問「怎麼會？」而不是「為什麼？」

無論是否有意，**「為什麼？」**這樣的措詞幾乎會立即使收訊者想要反駁。這讓人感覺好像自己遭到了質疑，所以必須為他們的回應辯護。「怎麼會？」則更像是真正的探詢，減少了問題被解釋為人身攻擊的可能性。為了進一步降低這種可能性，請注意你的語氣和語速。例如，「我很好奇，是什麼原因讓你選擇那個專案，而非另一個？」較長的說法比超快速的「怎麼會？」感覺更深思熟慮，沒有那麼激進。

不過，要克制住常見的「用自己的說法來表達理解」的衝動，例如說：「怎麼會？是因為……嗎？」而不是簡單的「怎麼會？」在對方來得及回答之前，就為自己的問題提出可能的答案，這樣會阻礙溝通的進行，並讓對方覺得你似乎不想聽他說話。

擴展型探索：請對方詳細說明

對於特定回答，**擴展型探索**可以深入了解更多資訊。我最喜歡的句子是，「再多說一點吧。」這句話讓人們詳細說明自己感興趣的事情，自然會讓他們感到自在，同時也讓對方知道，你真的有興趣聽他們在說什麼，並能讓他們放心，因為他們並沒有在主導談話。擴展型探索讓你能夠傾聽（第六章會詳細介紹傾聽），並了解對方真正的興趣、需求和顧慮是什麼，以及你可以如何提供幫助。給予協助的契機會在對話中自然地出現，並能成為進一步發展人脈連結的有力機會。請記住，重要的不是你，重要的是人際關係。

切勿審問

如前所述，對於任何提問技巧，除非你想知道答案，否則不要問。如果你真的不在乎，對方回應時，你更有可能會置之不理。這樣現場氣氛會很僵，沒有別的話題可講。

但是，只要你問的是真正感興趣的話題，你的後續問題會更容易出現，你的肢體語言和能量自然地會反映出你的興趣和注意力。但要小心，不要熱情過度，轉變為機關槍式的審問。不管你有多熱忱，用快速的詢問來轟炸別人，會讓對方覺得需要保護自己，而且他們會保持警惕。

記住，享受談話，不要變成在審問別人。談話是雙向對話，充滿了停頓和不由自主會講的離題資訊。而且，在交談期間，談話的人會思考和吸收他人所說的內容。因此，提供有關自己的資訊很重要，因為它有助於建立人脈連結。而良好溝通才能促進關係的建立，使你更討人喜歡，並讓你的談話對象也感到自在，可以與你分享事情。

如果我們保持好奇心，在談話中就會顯得自在和真實，即使自己先前對談話對象不太了解。好奇心會激發我們最好的一面，並促使我們自然而然地去做能夠促進正向人脈連結的事情，像是：保持良好的眼神交流，適當的點頭，接續提出有趣的問題，顯示我們投入其中。我們之所以表現出這些行為，是因為好奇心消除了分心和不確定感。我們專注於雙向交流，所以行為舉止會很自然。

別再身家調查

二十一世紀為古老的交際問題帶來了新的變化：你在參加活動之前，應該先Google研究一下嗎？有了二十四小時全年無休的網際網路，我們現在可以花數小時來研究人物、場所和事件，以及過去、現在和未來的資料。

有些專家會建議你在與某人會面、或參加活動之前，搜索所有資訊。我明白這種立場，這樣當然可以擴大你感到好奇的話題範圍。但我的問題是，如果你已經知道所有的答案，你還能有多發自內心的好奇？而且，如果你事先摸透對方的背景，實際相遇時會不會覺得彆扭和勉強，對方難道不會感覺到嗎？

這本書的前提是，如果我們與他人建立關係的方式過於盤算，就會顯得虛假，而且其效果遠不如我們真實的心意。你甚至可能會因為事先對一個人了解太多，而感到不自在，然後那個人也會感覺到你有一些怪異。對於這個問題，我確實認為有折衷的做法，我堅信在參加面試或目標明確的活動之前，要對公司或產業進行紮實的研究。你不想自以為無所不知，但你確實想掌握充分資訊。不過，在你還沒有與人建立起真正的人脈連結之前，就一股腦兒用Google搜索別人，這樣可能會阻礙所有建立人脈連結的自然管道。

舉例來說，我與一位相當知名的執行長會面前，我在維基百科上搜尋了他，花了整整五分鐘就讀完了條目，然後就轉向別的事情。快速的研究使我對他的職涯有更多的了解，這很有幫助，但是因為我並沒有了解太多他的資訊，所以不至於在商務午餐期間，對他已經沒有什麼好了解的。不知怎麼地，我最後還告訴他，他被列入維基百科，他非常認真，甚至當場拿出黑莓機查看，我們都笑了起來。這件事的關鍵是，我沒有研究過頭。

這個難題沒有完美的答案，所以你必須決定怎麼做對你最適合。我的建議：做足夠的研究，讓你有紮實的背景知識基礎，但不要做過頭。應該還有很多是你想知道的東西，畢竟這是好奇心的本質。在準備會議或活動時，做你應盡的努力，但不要完全陷入網際網路的大洞裡。要有好奇心，但不要在網路上瘋狂收集別人的資料。

要點整理

好奇心法則：好奇心能創造人脈。

以好奇心為出發點：運用你的好奇心來展開對話，開創談話的管道與契機。

學習提問：開放式問題能創造交流的機會，而利用探索式問題來追問，則能讓談話建立的連結更深入穩固。

切勿審問：保持好奇並持續提問，讓對話內容更具效益。但別忘了，對話是雙向交流。因此，自我分享不僅是談話的一部分，更是建立人脈連結的關鍵。

克制使用網路搜尋的傾向：儘管我們能利用網路來查資料、替會議或活動做準備，並建立相關背景知識，但不要做得太過火。因為知道太多會扼殺提問的機會、澆熄好奇心，阻斷展開真正對話的可能，所以請適可而止。

6

傾聽法則

「好的傾聽者不僅處處受到歡迎，假以時日，他還會懂得一些事情。」

——劇作家威爾遜．米茲納（Wilson Mizner）

傑德是我輔導的企業主管，他是頂尖廣告公司的合夥人。在討論好好傾聽的影響時，他告訴我他與兩名年輕員工格里和伊森共事的故事。格里和伊森在加入廣告公司時，都剛從大學畢業，沒有廣告經驗。身為他們的組長，傑德要求他們在和客戶開完會後，各自提出活動構想，並直接提交給他，這樣他就可以評斷他們的作品，並盡可能有效地培訓他們。

一家飲料公司客戶在初次會議上，描述到想要的廣告活動時，一直使用「新鮮」這個詞。因此，熱愛運動和健行的格里，在隨後給傑德的廣告提案中，想像用一家人在享受大自然的戶外場景，來呈現產品。而大學時參加過搖滾樂隊的伊森聽到「新鮮」一詞，則認為客戶想要時髦的東西，所以他的廣告場景中出現很多年輕人。

「那些想法並不新鮮！」傑德看到他們提議的廣告活動時，對他們說，「這兩種類型的廣告我看過很多遍了。客戶說他想要『新鮮』的東西時，他的意思是，他想要他從未見過的東西。所以你跟客戶會面時，必須傾聽他們說的所有內容，不能只聽你認為他們在說的話，那肯定會給自己找麻煩。」

下一次團隊與飲料產品客戶會談時，傑德對格里和伊森的專注程度有很深刻的印象。他們各自都顯得機警、很感興趣，並在適當的時候提出了很好的問題。之後，他們兩人一起合作，向傑德做了後續簡報，並運用動畫的方式，提出了創新的廣告活動。傑德非常喜歡，於是他與團隊的其他成員分享了這個點子，這個概念成為了團隊最終設計的廣告靈感，而且客戶也非常喜歡。

好奇心的重點在於提出有焦點、深入的問題，藉此尋找人脈連結。同理，傾聽的重點就是積極地傾聽和吸收對方所說的內容。傾聽不是被動的行為，你要專注於人們所說的話和言下之意，這需要投入精力和注意力，而不是只聽到你**認為**、或**希望**他們表達的意思。

無論你處於職涯的哪個階段，你必須持續練習傾聽技巧。即使是高階的主管和同事也會發現，雖然他們會傾聽下級同事的意見，但他們可能無法盡可能地有效傾聽，因為傾聽是需要時刻保持警惕的技巧。事實上，若要達成有效的溝通，你傾聽的方式與你所說的話一樣重要，這兩者對你給別人的好感更有同樣大的影響。因此，有效地傾聽至關重要。

透過傾聽，我們可以……

人類基本上都想要、並且需要被理解，這適用於生活的所有領域，包括個人生活與專業領域。但是被人理解需要對方願意傾聽。如果我們希望別人理解自己，就需要學習真正傾聽和理解他們的方法。在建立關係時，你傾聽的方式與你要說的話一樣重要。這就是**傾聽法則**的基礎：你必須透過傾聽，才能理解。

我們常常陷入自己的心思、工作事項和在意的事，所以只聽表面上的內容。但要建立和維持信任與合作的氛圍，你唯一能做的最有用的事情，就是有效的傾聽。有效的傾聽技巧是穩建關係的基礎，透過傾聽，我們可以：

- 建立信任。
- 評估需求。
- 找出興趣和熱情。
- 發現共同點。
- 調整情緒和能量。
- 判定溝通的偏好。
- 發現已知或未辨識出來的問題。

而在工作場所，良好的傾聽也能讓你：

- 確定激勵員工的因素。
- 更有效地銷售。
- 了解問題或溝通不良的根本原因。
- 減少衝突。
- 與他人合作和創新。

理解你所聽到的內容，並在此基礎上採取行動，這對於培養個人生活和職業發展所需的人脈連結非常重要。

用三階段傾聽法，創造圓滿關係

在我們能夠把傾聽技巧發揮到最好之前，需要先了解自己傾聽時所處的情況。你可以把這看作是在不同階段傾聽。而在對話中，所有階段都有助於實現不同的目的，並且對建立關係發揮了重要的作用。從某種意義上來說，不同的階段反映了在不同環境中，需要程度不等的專注和精力。隨著你更能察覺到你傾聽的方式和時機，你就能夠根據對話或情況的需要，更流暢地在各個階段之間切換。

第一階段：接收訊息

接收訊息是最基本的傾聽，這個過程是把人們所說的內容，與自己的情況做連結，並以自身的經驗過濾所聽到的內容。有一個例子可以簡單地說明這一點。比方說，朋友說：「我喜歡藍色。」而你回答：「哦，我也是！」或「但我喜歡更深的顏色。」無論是有意還是無意，你都是根據自己的偏好和意見做出回應。

大部分的時候，多數人都在這個階段上傾聽，因為很輕鬆又自在，而且也能達到效果。「接收訊息」對於建立共同點是非常有用的，而共同點是建立人脈連結和增加好感的關鍵。我們採取這個階段的傾聽方式時，會從自己的角度來接收別人說的話，找到可以與自己的情況做連結的方式，這有助於對話的發展。而分享自己的觀點、想法或經歷有助於你表達同理心，這個階段的傾聽促進了自我揭露，可以讓其他人感到被你信任，因而讓他們更安心地敞開心扉。你透過這種方式敞開心扉，表達自己對當前話題的想法或感受，也傳達了自己參與對話的意願，這也建立了雙方之間的信任。

當然，若做得過頭和過度依賴這種方式，就會有局限性。請記住，重點在於**傾聽**，而不是抓住機會讓大家把重點放在你身上。有一次，我在一場會議上與一群專業人士愜意地交談。另一位女士走過來，聽了一會兒，然後，有人提到自己帶領了團隊分析新技術在公司內的可能用途，這時這位剛剛加入的女士說，「我也是！」接著她開始一五一十地敘述，完全主導了談話，其他人都無法插話。接著，我注意到其他人的表情，清楚地顯示大家都在想同樣的事情，「你能想像她在做什麼嗎？」和「她什麼時候才會閉嘴？」即使我們想與這位女士互動，她也沒有給我們機會。她顯然沒有接受這群人的非語言訊息。在她說話的時候，她並沒有「聽」其他人「說」什麼。這種情況讓我想起了不僅要用耳朵聽，還要用眼睛來接收他人發出的肢體語言，這一點非常重要。

我首先介紹了第一階段的接收訊息，因為它是最常見和最容易開始的地方，不過最好把這個階段的傾聽與其他技巧結合起來，根據談話的需要，在不同的技巧之間來回切換。藉由接收訊息來建立信任和信心，並敞開心扉來協助對話。一旦基礎奠定了起來，你與對方的最初結緣開始建立成關係，接收訊息的技巧將有助於進一步加強情感的連結。

第二階段：留意重點

在你**留意重點**的時候，你專注於其他說話的人，並將他們所說的話與你對他們的了解聯繫起來。當你處於這個階段的傾聽，然後你的朋友說她喜歡藍色，你的反應比較會是，「妳穿藍色真的很好看！」或「妳為什麼喜歡藍色？」「留意重點」這個技巧會利用好奇心法則。此時你會使用擴展型探詢和語句，例如「告訴我更多相關的事」和「怎麼會」。

在會議上，那位霸占談話的女士如果用熱烈的第一階段「我也是！」回應，來表達自己與剛才那位發言的男士有相似的經歷，接著用第二階段提問：「你的專案的詳細內容是什麼？」這樣效果會好得多。她會建立起共同點，還能設法擴大對話內容，如虎添翼般，有出色的溝通，還有絕佳的資訊交流。若能結合不同階段的傾聽，並在適當的時候來回切換，這種透過傾聽來建立人脈連結的方式，效果特別好。

第三階段：直覺傾聽

直覺傾聽是第二階段的延伸，不只專注於對方用聲音說出來的話，而且還注意對方說話的方式，以及沒有說出來的內容。你除了接收到詞彙之外，還接收到說話者的肢體語言和整體能量。而用直覺傾聽的重點在於，聽到的不只是說出來的語言。一旦用直覺傾聽，我們會辨識說話者的語氣、面部表情和姿勢。進行直覺傾聽時，你會注意到，朋友說她喜歡藍色時，聲音中帶著寧靜的語調，然後你回答：「妳這麼說的時候顯得很平靜。妳覺得那種顏色很紓壓嗎？」此時，你聽到了她所說的話，說出你的看法，並要求確認。

到目前為止，對於直覺傾聽，我最震撼的經驗發生在我參加教練認證課程的時候。當時訓練的一部分是與其他學生三人為一組，進行練習。我和我的同學艾莉和娜歐蜜一組，輪到娜歐蜜扮演客戶時，艾莉扮演教練，而我則扮演觀察者的角色。那時娜歐蜜剛剛結婚，她選擇「什麼時候生小孩」這個話題為她教練課程的主題。她開始理性分析，指出她的丈夫還在商學院，而她剛剛開始創業。另一方面，她又反過來說，自己已經年過三十，擔心這樣會拖太久。艾莉斷斷續續地插話，提出問題，幫助娜歐蜜探討這個想法。

突然，艾莉對娜歐蜜說：「我感覺妳已經準備好要有小孩了，但不想承認，因為妳害怕妳的丈夫還沒準備好。可能是那樣嗎？」娜歐蜜盯著她看，就像一隻被車燈照到的小鹿一樣。艾莉一直在聽娜歐蜜說的話，漸漸對娜歐蜜有一點點地了解，也注意聽了娜歐蜜的**說話方式**。「我想妳說對了。」娜歐蜜說，「我準備好了。直到妳剛才這麼說，我才弄清楚為什麼我對此感到不安。」艾莉抓住語言和非語言的線索，幫助娜歐蜜表達了她的真實感受和想法。儘管娜歐蜜很猶豫，但她仍向丈夫提出了這個話題，結果他覺得自己也準備好了。兩個月後，她就懷孕了。

直覺傾聽的關鍵，是不去假設你對這個人「所說的」內容的理解是正確的。艾莉完美地處理了這個情況，原因有兩個：第一，她用「我感覺……」

這句話表達她對情況的解釋。第二，她在陳述意見後，要求確認，並補充說，「可能是那樣嗎？」她沒有試圖直截了當地告訴娜歐蜜她在說什麼／想什麼，沒有說得像是已成定局。相反的，她詢問娜歐蜜的想法，來檢查她的判定是否準確。

直覺傾聽不僅僅發生在個人生活中，這個技巧在職場中也非常有效，甚至起了關鍵作用。它可以幫助你注意到溝通的細微差別，並聽出言外之意。比方說，我指導的客戶亞倫升官時，他有一位新的直屬部下名叫尚恩，在亞倫升官之前是他的同事。而宣布這個升職變動後不久，亞倫注意到尚恩對他的行為似乎有所變化。尚恩開始以草率的方式回答亞倫的問題，很少與亞倫有眼神接觸，每當亞倫在會議上發言時，他都會坐立不安。

亞倫告訴我，他認為尚恩行為的改變，與他升官、但是尚恩沒有升官有關。他承認，他不確定這樣的判斷是否正確，因此我們制定了一項行動計畫來找出答案。亞倫問尚恩他們能否聚一聚，然後他在會面時說：「關於我們最近的角色變化，我想談一談可能有的擔憂或彆扭的感覺。你能幫我了解怎樣是最好的方式，讓我們向前邁進嗎？」

尚恩起初不願討論這種情況，亞倫繼續試探性地問道：「我怎樣才能幫助你繼續在工作領域上成長？」一旦尚恩相信亞倫真的想創造積極的工作環境，對話就開始轉變了。尚恩坦言他覺得自己在工作中不再獲得新的機會。談話的結果是，亞倫能夠確保尚恩安排到的專案，能讓他繼續發展他的技能，而尚恩成為亞倫新團隊中最有效率的員工。透過直覺傾聽尚恩，並讓他參與對話，亞倫能夠把彆扭和可能沒有成效的氣氛，轉變為對雙方都有利的情況。

直覺傾聽讓人有對方能有同感、能同理，並認可自己的感覺。在更深的層面上，這讓他們感覺到**被傾聽**，所以直覺傾聽的能力是非常討人喜歡的特質。它為人與人之間的聯繫建立了信任，並幫助說話的人感覺到他的需求被理解和得到滿足。

而要做到有效的直覺傾聽，關鍵在於掌握合適的時機，因為不可能一直都保持高度專注，那簡直太累了。而且，對於最近才認識或不太了解的人，你用直覺去傾聽、「解讀」對方，可能會讓人感到反感。請運用你的判斷力，並記住在適當的時候替換這三個階段的傾聽方式，是讓對話有來有往、自然進行的最佳做法。

此外，你認真用直覺傾聽時，請注意你的語氣，以表明你是在提議，而不是在假設，並對自己會搞錯要有心理準備。就算直覺傾聽時出了錯，也不是一件壞事，實際上這可以讓雙方有機會更進一步產生連結。畢竟，了解事情的本質是一連串的過程，而這正是溝通的意義所在。

一流傾聽高手養成指南

成功溝通的關鍵之一，就是辨識你在使用**哪個階段**的傾聽方式。現在，你必須學習更有效的傾聽，來培養你與人對話的技巧。

保持謙卑吧！

在本章開頭的故事中，格里和伊森起初只參考他們自己對「新鮮」一詞的定義。然而，《韋伯字典》對「新鮮」一詞，列出了超過十五種不同的用法。格里和伊森的問題在於，他們只參照了自己簡易版本的字典，默認了他們腦海中浮現的第一個定義。

當然，我們都以不同的方式處理訊息，並將訊息編寫到各自的字典中，這是有道理的。畢竟，我們對情況的反應是由自身經歷過的事情所決定，這些經歷是我們判斷的依據。

換句話說，我喜歡稱這為人們的立場。我們一生都在累積資訊、經驗和遭遇，因此面對新的情況時，我們會從自己多年來累積的個人知識，來看待新的情況。這些累積的知識就是我們的立場，雖然形成個人想法是很自然的事，但問題是大家都以個人觀點自居，沒有人會用完全一樣的視角來看待世界。

這就是為什麼，要接受自己的看法可能並不完全準確，並不斷問自己，「我還能怎樣解釋這種情況？」透過留意不同的可能性和現實，就能創造機會，增加交流、加強理解並產生連結。

你用澄清型探索，進一步理解別人的觀點，然後用直覺傾聽，掌握他們完整的意思。站在別人的立場，體會他們的思考方式。換句話說，保持謙卑吧！

用眼睛去聽

我們剛剛了解到，直覺傾聽不只傾聽言語上的內容，還有非言語的資訊。這關係到用你的眼睛，以及你的耳朵來傾聽。在會議上，那名突然半路插話進來的女士就不知道這個概念，所以破壞了原本愜意的團體對話。如果她用了眼睛去聽，她就會「聽到」團體中的其他人可能有東西可以提出來，但在她說話時，其他人感覺自己好像被排除在談話之外。結果，她斷送了自己與那群人加深人脈連結的機會。

在很多情況下，我們用眼睛傾聽是很有用的。比如，我們在與直屬部下討論可能的新專案時，那些一聽到任務描述就興奮起來的人，我們會覺得他們最有熱忱，即使他們並沒有明確地這麼表示。因為我們用眼睛去聽，所以可能會把他們分配到這個專案。而我們注意到老闆把資歷較淺同事的名字給忘了時，我們可能會很自然地把資訊塞進談話中，幫老闆解圍。

而在決定結束對話的正確時機時，這種技巧也非常有用。例如，你的客戶是否正在看手錶，並開始收拾文件？要明白這個線索的意思，知道是時候做個總結了。如果你不確定，可以說：「我不想占用你太多時間。」或「你想要一些時間來考慮嗎？」這樣能給對方一個藉口。如果對方不為所動，你就知道他仍然想繼續當前的對話。請用你的眼睛去聽用非語言表達的訊息。

專注傾聽的技巧練習

積極的傾聽可能很困難，部分原因是大腦很容易分心。被動地點頭是一回事，但要真正傾聽，你必須警覺和理解，所以你必須專注。

雪上加霜的是，讓人分心的事物會讓無法專注的情況變本加厲。我已經數不清有多少次，我在談話中突然想起之前一直想記起來、但與此次談話無關的事情。在那個時候，讓我分心的不僅是這個想法，還有試圖記住這個想法的過程。結果，要我全神貫注於他人身上當然就變得非常困難。

多年來，我學到了一些技巧，這些技巧可以幫助我管理內在的干擾，並阻止我的心思飄移。

說就對了

我心不在焉時，對我來說最好的處理方法，不是去掩蓋此事，而是乾脆稍微說一下。我不會脫口說出：「等等，我分心了，我必須取消我跟牙醫的約診。」但我確實找到了一種方法，在心理上暫停一下，同時讓對方知道我仍然對他們說的事情感興趣。在這種情況下，我就會說：「給我一點時間，我不想錯過這個故事剩下的部分，但我剛剛想起了一件我不想忘記的事情。」

透過用語言表達你一時的想法，你減少了面部表情和肢體語言傳遞出非語言訊息的機會，免於讓人誤會你在恍神，以為對方講的東西你不感興趣。

相反的，你可以重申你對對方說的話感興趣，因為你正在快速消除分心的情況，以便你可以優先投入目前的對話。請養成習慣，運用這種技巧，也可以使用其他方法（在後續章節中會詳細介紹），但一定要同時搭配「說就對了」的方法。

寫下來

消除分心最有效的方法之一，是把分心的事情寫下來。盡量隨時隨身攜帶紙筆，在無法攜帶的時候，請使用智慧手機上的筆記或錄音應用程式。

這也是非常有效的方法，防止你之後分心。比方說，如果你在開會或談話中聽到某件事或有一個想法是你不想忘記的，把它寫下來，這樣可以防止你之後試著去記它而分心。你不需要把事情完整地寫下來，只需捕捉幾個關鍵字或短句，即可喚醒你的記憶，並在你稍後查看筆記時，幫助你回想起來。

邀請對方一起參加

我們家在搬到新城市後不久的一個晚上，我參加了一個社區聚會，那裡除了我的丈夫，我不認識任何人。飢腸轆轆的我只是半開玩笑地對新鄰居說，我餓到無法專注，直到那個拿著雞肉串的傢伙回來，我才跟上大家的談話。之後，試圖把拿開胃菜的人引到我們這個角落變成了一個遊戲。原來，我不是唯一一個在活動開始前沒有機會吃到東西的人，我們的玩笑話是很棒的破冰方式，讓接下來晚上的談話暢通無阻。

口渴是另一種分散注意力、但可以帶來正向效果的事。你請求暫時離開要去吧檯時，問問你是否可以替一直和你交談的人帶飲料回來。這顯示你的貼心，以及你對繼續對話的興趣，或者你可以詢問是否有人想和你一起去吧檯。這是另一個很好的方法，可以和小組中的一兩個人保持對話，同時在你穿過人群時，還可能與新朋友交流。

新話題、改期與後續聯絡

有時我們的心思飄移，因為我們累了，對眼前的話題不太感興趣。發生這種情況時，請試著找回談話的活力，有趣的新話題可以為這種情況注入意想不到的能量。比方說，使用與當前對話相關的問題或故事，把對話導向新的路徑。不要突然離題，因為這會讓大多數人感到怪異，但要努力挖掘熱烈討論所帶來的活力。

如果你太累了，無法集中精力來交流的時候，最好坦誠表示，看看你是否可以擇期再討論。人們都很忙，大家確實能理解會有疲憊的情況。放心吧，「說就對了」，看看你是否可以重新安排時間。這裡的關鍵，是確保對方不會覺得你是在打發他。你想傳達這次會面對你很重要，但你目前還沒有處於互動或交流的最佳狀態。透過後續聯絡（而且動作要快），來表示你繼續交流的意願。既然你是提出要改期的人，那就主動安排下一次會面。

你的傾聽能力如何？

在我上商學院的第一週，我的教授說，「社會對於外向的人來說，是比容易發展的地方。」這是引人爭議的說法，多年來我一直在思考這個問題。我同意這個說法基本上是正確的，但我也認為內向者擁有獨特的技巧，在建立關係和發展人脈連結時，是非常有用的。內向的人傾向在發言前先思考，在談話前先聆聽。他們更偏好提問而不是講話，這使得他們比外向的人更適合採取好奇心和傾聽的法則。

注意你的傾聽風格，了解自己有多擅長傾聽，以及你可以在哪些方面改進自己的技巧，這是充分利用傾聽法則的第一步。傾聽是重要的技巧，而且可以習得，因此，要努力提升自己的技巧。

實踐心法

傾聽技巧大補帖

我們都有當傾聽者的天生優勢，也都有辦法提升自己的傾聽技巧。檢視表6-1中的傾聽特質一覽表。左欄列出符合專心傾聽的特質，右欄是妨礙有效傾聽的常見行為，所以不要去做。在「要」做的那欄中，在你想要努力提升的三個傾聽特質旁邊打勾，然後圈出你已經做得很好的項目，以強化那些成功的傾聽習慣。在「不要」做的那欄中，勾選你最容易出現、並且想要改掉的三種特質。

表 6-1 傾聽的特質

要	不要
維持眼神交流	打斷別人説話
控制自己不要講太多話	表現出不耐煩
專注於説話者身上	在心裡評斷或爭辯
提出問題	在對話中一心多用
控制你的情緒	投射你的想法
用眼睛和耳朵來傾聽	思考接下來要説什麼
等著聽到想法和機會	有預期或先入為主的想法
對談話保持開放的態度	變得防禦心重，或假設你受到攻擊
確認自己理解，重述對方的話	使用目中無人、咄咄逼人或封閉式的肢體語言
提供非語言訊息，表示你正在聽（例如，點頭、微笑）	帶著偏見傾聽或拒絕接受新想法
忽略分心的事	妄下結論，或在對話中搶話

弱點也可以是優勢？鍛鍊傾聽力

請記住，我們都有改進的空間。但首先，為你已經做得很好的事情讚許自己。因為有意識地認同自己的長處，會加強這些長處。

接下來，回顧已經確定需要多下功夫的行為，並制定計畫。你要如何改善這方面的傾聽能力？重新閱讀前文〈專注傾聽的技巧練習〉，了解管理心思干擾和保持精神集中的方法。每個人的計畫都不一樣。

你還可以把自己的弱點當作對話中的連結點，從而把弱點轉化為優勢。如果你知道「控制自己不要講太多話」是你想要下的功夫（因為在談話中你很容易熱切地插話，這可能會被認為是在打斷別人），你可以用輕鬆、但直率的語氣告訴別人：「如果我打斷對話，就阻止我吧。」對於那些在聆聽時控制好自己不要講太多話的人來說，自己說話時被打斷是件很不舒服的事。而請別人指出你「打斷別人」，這樣你可以達成兩件事：你讓對方意識到，你在積極成為更好的傾聽者，並且在出現負面的行為時，你會得到幫助來注意自己的行為。你愈注意到這種行為，就愈容易加以糾正。如果一開始你需要別人的幫忙，才能意識到自己做了負面的行為，不要因此而感到難過。很快你就會開始自己發覺問題，並能夠自行調整。

好好傾聽，建立更牢固的人脈

更深層次的傾聽不僅僅是密切注意對方，還牽涉到積極建立人脈，而且也關係到你。因此，成為好的傾聽者，你將與你所接觸的人建立更牢固的人脈連結，同時能更深入理解對方所說的內容，也能從整體對話中受益更多。

奈登是我以前的客戶，現在是我的朋友。有一天，他向我很好地講述了這個觀點。我曾表示我非常喜歡和他交談，部分原因是我覺得他真的在聽我說話，「你讓我覺得你好像在聽我說的每一個字。」我記得我說過，「我覺得不僅被傾聽，而且還被關心。」奈登笑著說：「我並沒有一直都是這麼好的傾聽者。」他之前也是意識到自己**沒有**好好傾聽，讓人們感到疏離和被忽視，才開始放慢了腳步，嘗試真正傾聽別人。而他這樣做時，他解釋說：「我才明白我以前在大多數談話中錯過了多少東西！」他認為，無論在個人生活，還是工作領域上，努力提升傾聽技巧，是他為改善生活所做的最有益的事情。

好好傾聽是實現其他好感法則的途徑，在上一章，我們已經看到好好傾聽如何有助於實現好奇心法則。在第七章，我們將討論它如何強化相似法則。而在第八章，我們將探討它如何影響我所說的「情緒記憶」。因此，傾聽是強大的基礎環節：不斷提升你的傾聽技巧，別人對你的好感自然就會增加。

要點整理

傾聽法則：傾聽，才能理解。

透過傾聽來理解：如果希望他人能理解自己，我們就必須確實傾聽他們傳達的內容，藉此理解他們。

運用三階段傾聽法：第一階段**接收訊息**，把聽到的內容與**自己**做連結，找出彼此的共同點，讓對談更輕鬆愉快。第二階段則是**留意重點**，把你聽到的內容與對方做連結，運用好奇心法則來探查對方的興趣和觀點。第三階段為**直覺傾聽**，這個強大的工具能讓你更深入理解當下情況，或許還有助於讓説話者傳達他們從未説出口的概念或想法。

傾聽方式是關鍵：保持謙卑的態度，以全新的角度和觀點來傾聽，讓對話更加活絡，並建立有意義的人脈連結。別忘了在專注傾聽時，眼睛與耳朵要並用。

控制注意力：需要重新集中注意力時，請說出口（說就對了！）動筆寫下你的思緒，之後才不會為了記下這些想法而分神。如果你已經累到沒有精力繼續互動，可延後行程或改期。

改善傾聽能力：讚賞自己在傾聽時已經做得不錯的優點，記下還需要改進的地方，並制定計畫來加強這些項目。

成功的傾聽能創造雙贏：傾聽不僅能讓對方感到自己的聲音被聽見和理解，更能提升你對整體情況的感受，促進人脈關係的建立。

7

相似法則

「友誼能夠長久，絕大部分原因在於尊重彼此的差異，而不僅僅是喜歡彼此的相似處。」

——神學家詹姆斯．弗瑞德里克斯（James L. Fredericks）

在我職涯的早期，我在一家銀行工作，有一次被分配到新的專案，該廠商的執行長名叫馬特奧。表面來看，馬特奧和我在各個方面，不論是性別、年齡、宗教、種族、教育、嗜好、位階和家庭生活都不相同。他是三十多歲的科技專家，已婚並育有三個孩子。他和家人講母語烏克蘭語，並嚴格遵守他的文化傳統。我則是二十多歲的單身工商管理碩士，唯一的職責和優先事項就是工作和娛樂。

這個專案需要持續的溝通和合作，以確保我們的客製化技術能滿足公司的業務需求。我必須承認，我不認為我和馬特奧合得來。在我看來，和這個人一起工作並不有趣，但事實卻相反。一投入到專案中，我們出乎意料地一拍即合。我們不僅工作方法相似，也喜歡跳出框架思考，樂於處理眼前的新挑戰。我們都有機智、辛辣的幽默感，而且熱切於用創意來解決問題。

儘管沒有明顯的共同點，但在專業態度和管理風格方面，我們有很多相似處，而且我們合作無間。事實上，我們合作太順利了，以至於馬特奧最後把我挖角過去，直接替他工作。他成為了我最重要的導師之一，也是我珍貴的朋友。他支持我離開金融界，開創自己的事業，並在我也踏上結婚生子的這條路時，分享了很棒的智慧。我們相似的態度和風格是真正的連結點，兩人一起工作時，這樣的連結不斷加深。我們都欣賞這些相似處，但也許因為我們在很多方面都如此不同，所以更加欣賞對方。我們建立的人脈連結豐富了彼此的工作領域，最終也充實了對方的生活。

在電影和電視節目中，要表現某個角色是餐廳或酒吧的常客，最常見的方式之一，是讓他走進去，坐下來，然後說：「來一杯，老樣子。」為什麼這種簡略的表達方式如此有效，又是什麼讓這話聽起來如此溫馨和吸引人？其中一個原因是，熟悉的事物能給人帶來撫慰。我們認同這種「來一杯，老樣子」的心態，因為從基本的層面來看，我們理解為什麼這個角色會一次又一次地去同一個地方。

而意識到我們與其他人有共同的人脈連結，無論相似處是什麼，都讓我們感到自在。比如，可能是雙方認識相同的人、喜歡一樣的地方，或者有相似的生活經歷。此外，找到真實的相似處和關聯，會增加你對新朋友的舒適感。同樣的，他們對你的舒適感也會增加，而且感覺自在不僅使談話更容易，還為發現更多的共同點打開了大門，替建立人脈連結提供了更多管道。雖然我們與別人之間的共同點起初並不一定很明顯，但要把人脈連結建立成有意義的關係，就應該懂得注意彼此的共同點。

隨著事業的發展，我們有時會不再從認識的人身上尋找共同點，以為自己已經收集到所有關於對方的資訊。因此，拓展現有關係，像是重拾對熟人的好奇心、除了眼前的任務之外，還要留意彼此可能的相似處等，對於加深人脈連結來說，效果特別好。

相似性，縮短了通往好感的道路

遇到跟自己極為相似的人時，我們會快速地感到自在，對話會變得順暢，而且很容易察覺到對彼此有好感。這就是**相似法則**：人們喜歡像自己的人。

當然，這並不意味著每當你遇到像自己的人時，都會產生火花。有時可能過於相似了，你會因為也不喜歡自己的某些特質而心生反感。這時候，重要的是退後一步，評估自己反感的情緒。

確實，有時彼此之間的相似處很明確和直接，有時則相當隱微，只有隨著時間才會顯現出來。然而，隨著我們發現彼此的相似處，我們可以為更深入、更持久的真實人脈連結創造機會，如此通往好感的道路就能變得更短、更順暢。隨著自在的感覺增加，談話變得更加開放，也培養起信任感。好感不是理所當然就有的，但是雙方有共同點會是很有效的起點。

關聯法則：重要的是信任

正如第三章提過，人們希望透過其他人來確認自己對人和事物的印象。這就是我們形成印象的方式，而這個過程的關鍵，是用其他可信的資訊來源來驗證和證實我們的看法。

例如，我們希望同業推薦軟體解決方案或廠商。或者，我們安排了某求職者的面試，是因為有同事在幾年前與該求職者一起工作過，並給予對方正向的評價。這是**關聯法則**，是相似法則的子法則：人們信任他們熟悉的消息來源。

而熟人幫你安排相親時，同樣的原則也適用。你會想，「貝絲認識他，貝絲也認識我，所以我可以相信，至少對方是像樣的正常人，貝絲不會介紹不好的人給我。」這也是為什麼這麼多公司向員工提供介紹獎金的原因。如果他們已經擁有了自己重視和信任的員工，那麼在招募更多人員時，詢問並獎勵現有的員工是合理的做法。

而且，我們時常遵循這個子法則，即透過可信賴的第三方，來驗證自己的選擇。例如，我們向品味相似的朋友詢問好看的電影、向鄰居詢問優質水電工的電話、向有同齡孩子的家長打聽好的老師和醫生。如果我們認識的人喜歡這個人，我們會推論自己可能也會喜歡對方。

盡情挖掘共同點

我們能透過許多方式，找到與另一個人的相似處或關聯，LinkedIn等社群媒體網站很容易說明這一點。想一想，你與素昧平生的人之間有幾度的分隔？我於是快速實驗了一下，我在LinkedIn上有幾百個聯絡人，一般人大概都有這麼多。我在網站上隨意輸入了「喬」這個名字，發現我與另外一千五百五十四名我還不認識的喬之間只相隔一個人。我與另外九百二十七名我還不認識的「蘇」只相隔一個人，即使是哈羅德這種較不常見的名字，也出現了三百三十四個可能的連結，而我與他們只有一人之隔。

而共同點更是無所不在，即使起初並不明顯。彼此都認識同一個人只是利用相似法則的一種方式。我們也可能發現其他相似的領域，例如共同的經歷、相同的觀點和價值觀、外表和個人特徵的相似處，以及共同的教育背景或工作經歷等，不勝枚舉。而這些都可能為真實的人脈連結奠定基礎。

「你是，我也是」

通常，第一次見到某人時，我們會提出一連串幾乎是儀式化的問題：你念哪個學校？你在哪裡長大？你在哪裡工作？若得到的答案跟自己相符，我們對初識者的興奮之情和興趣就會立即增加。此外，找到共同點很容易讓對話繼續下去，並讓你願意敞開心扉，進一步產生連結：你大學是哪一年畢業的？哦，等等，你認識某某某嗎？這就是「你是，我也是」的概念。只要選對問題，那些不明顯的相似處可以很快顯現出來。

幾年前，我參加了一場研討會，討論如何透過不同媒體管道來傳達你的業務項目，所以我們要介紹自己的業務，會場裡大多數的人都站起來發表了一段三十秒的簡短介紹，總結了自己的服務內容。在聽一位名叫瑪雅的女士說到她希望把自己在大學的求職輔導工作拓展到高中生時，我記得我心想，「我也是！我想做更多和高中生有關的事情。」在介紹階段結尾時，我找到了她，發現她也一直在找我，因為我的介紹中有某件事情引起了她的共鳴。我們都在「你是，我也是」的時刻採取了行動，因此我們仍然保持聯繫，互相提供專業回饋，並經常合作，提供服務項目。

不過，問別人問題的時候，要避免像在面試對方，所以要分享自己的情況。如果要有效挖掘相似處，自我揭露是關鍵，像是提及你所屬的組織、你去過或住過的地方，或是你的嗜好和興趣。為對方創造機會，讓他也發現這些共同點。藉由了解其他人的興趣和背景，找到共同的領域，你就獲得建立更穩健關係的能力。畢竟，你知道的愈多，你就有愈多的基礎來加以利用。

「那也發生在我身上」

發現與某人相似的生活經歷可以創造即時的連結感，這些經歷可以很簡單普通，像是學習如何開車，只要有相關的經驗就好。比如：你學過手排嗎？你爸爸有沒有在星期天帶你去學校空曠的停車場練車？

不過，通常透露的事情愈能顯露情緒或私事，在分享時就愈能加深情誼。內容豐富的體驗不僅讓你有更廣泛的事物，可以與對方產生共鳴，還能創造信任。你不僅從對方那裡得到「你懂我」的感覺，而且是「你**真的**懂我。」

重要的相關經歷處處都是，但你需要願意分享自己的資訊才會發現它們。有一次，我在新澤西州的家附近，等著開往紐約市的公車。公車站有另一位女士，所以我們開始聊天，我們很快發現她的女兒和我的兒子同歲。我問她女兒念哪間學校，幾秒鐘後就意識到她女兒在我兒子的班上。「妳是布蘭達的媽媽！」我脫口而出，我們倆都笑了。

這時公車到了，但我們還想繼續說話，所以我們走到公車的最後面，那裡是我們唯一能找到兩個座位的地方。我們坐穩妥時，布蘭達的媽媽泰莉開始跟我說她剛剛被解僱，正在找工作。由於我有職業諮詢方面的背景，我開始問一些問題，看看我能提供什麼幫助。她透露，在成長過程中，錢對她來說一直是嚴重的問題，所以她再也不想回去過錙銖必較的日子了。這引起了我的共鳴，她對自己的背景非常坦然，所以我也能自在地與她分享我的事。原來，我們都是在單親家庭中長大，家裡的經濟一直很拮据。

談話結束時，我們在黑莓機中記錄了小孩約玩耍的日期，還有一個不帶小孩的咖啡約會，這樣我們就可以繼續談論工作機會。在下一次見面時，我得知泰莉正在進入教練領域。現在，每當我們聚在一起時，都會集思廣益，尋求可以進行的合作項目，並給予彼此支持。因為泰莉願意透露刻骨銘心的生活經歷，也因為我能夠感同身受，我和我的兒子都結識了新的朋友。

問問題，找出共同的理念

從我十幾歲開始一直到三十多歲有了孩子，我幾乎每個週末都在狗狗收容所當志工。我喜歡動物，也很幸運能加入與我的價值觀和使命一致的組織：把被遺棄和受虐的狗照顧到康復，讓有愛心的家庭收養牠們。

在那些年裡，如果我和某人約會，並且覺得我可能真的喜歡他，當天我會邀請對方和我一起陪狗狗。通常在下午需要和狗一起散步和玩耍、注意是否會有妨礙牠們成為家庭寵物的問題、訓練牠們接受基本的命令、處理牠們暴躁的行為、讓牠們與人和其他狗狗相處，當然還要撿起牠們的便便。對我來說，這是充滿活力和充實的一天，但對我的某些約會對象來說卻是折磨，而這向來是破壞我戀情發展的因素。然而，有一個傢伙以前從來沒有做過動物志工，甚至從未養過寵物，但卻被這種經歷給迷住了。那天下午結束時，他告訴我，在陪伴狗狗之後，他覺得好像有一扇門為他打開了。好吧，那個人叫麥可，現在是我的丈夫。

比起其他的人脈連結，有共同的理念可以更有力地把人們聚集在一起。一旦我們對理念、信仰或堅定的信念充滿熱情，這種體驗就會充滿感情和力量。因此，兩個人共同有這些感受時，會形成迅速而強烈的連結感。當我看到麥可耐心地幫助狗狗克服走在街上的恐懼，或者不覺疲倦地確保一對狗兄弟找到收養的家庭，我知道這種共同的熱情，會增強我們之間的連結感。

有時候，由於你與人相遇的情境，例如在禮拜堂或政治集會等場所，這時有共同的信念是顯而易見的。但在其他的時候，你可能需要提出問題，來發現你們是否有共同點。在這種情況下，可以運用好奇心和自我揭露的技巧。下面是一些你可以問的問題，以確定是否可以用熱情和信念，與對方產生連結：

- 我們剛搬到附近，你能推薦這裡的寺廟／教堂嗎？
- 我想在這裡做志工，你有什麼建議嗎？
- 我要參加／組織……的募款活動，你想參加／幫忙嗎？
- 你覺得現任州長怎樣？
- 你對總統最近的舉動滿意嗎？

政治和宗教是許多人熱衷的話題，因此是值得探索的有趣領域。但要注意情緒是否激動起來，如果談話變得過於激烈或極端，可以考慮迴避，或岔開話題。

實踐心法

從三大面向，深入挖掘

現在，你已經熟悉了對別人感到好奇和繼續問問題，可以展開對話和加深談話內容。現在再進一步：深入挖掘自己，找出你可能與其他人有的眾多相似處，不要僅是等著發現對方與你的相似處。回想並肯定所有的關聯、因熱情去做的經歷和信念，這些事情都幫助你塑造了今天的自己。

一、寫下每一個曾經與你有關的**組織**，思考的範圍要廣泛。這裡有一些分類，可以幫助你著手。試著為每個類別寫下至少一個組織或團體。

- 教育（高中、大學、職業訓練計畫、宗教學校）。

- 學校社團或協會（兄弟會、辯論社、畢業紀念冊小組、學生會、校友會）。
- 夏令營、戶外領導計畫或交換學生計畫。
- 志工活動（步行籌款、食品救濟站）。
- 運動代表隊（隊員、支持者、模擬遊戲的參賽者、教練）。
- 專業協會（工作職務附屬機構、文化行業組織）。
- 有共同嗜好的團體和非專業的同好會（讀書會或業餘攝影社）。
- 家長或社區協會（家長會、鄉鎮代表會）。
- 軍人（在軍人家庭長大，或曾在軍隊服役）。

二、回顧塑造你人生的主要經歷。那些重大、令人痛苦的事情可能很快就會浮現在腦海，但在你剛認識某人時，這些事情可能不便討論，甚至不適合提出來。下面列舉了一些想法，可以幫助你編寫清單，列出你可能想與他人分享的蛻變經歷，以及有助於引發對話的範例問題。

- 假期。（你去哪裡度蜜月？你坐過遊輪嗎？你最近一次參加大家庭旅行是什麼時候？）
- 活動。（你跑過馬拉松嗎？跳過傘嗎？翻修過古董車嗎？）
- 運動。（你在成長過程中參加過球隊嗎？你現在有參加代表隊嗎？你的孩子有參加什麼隊伍嗎？你怎麼教你的孩子要有風度？）
- 家庭。（你在照顧生病的父母嗎？你的兄弟姊妹住在哪裡？你多久去拜訪他們？）
- 職業。（你目前的工作做多久了？你有沒有換過職業？如果有的話，你是怎麼確定下一步要做什麼的？）

- 搬家。（你搬過離家最遠的地方是哪裡？你曾經在國外生活過嗎？）

三、想像一下，你突然有一大筆錢可以捐出去。你會捐到哪裡？換句話說，你的理念是什麼？記下所有的想法，然後圈出你的前三個選擇，並在首選旁邊畫一顆星。你的首選是什麼？你會把錢捐給宗教組織嗎？政黨？致力於環境永續發展的非營利組織？了解你的首要任務有助於你找出志同道合的人，並在這些問題上與他們產生連結。當然，你的信念和理念不需要切合大眾的流行品味，才能產生連結。畢竟，如果一群人對多數人忽視的事情充滿熱情，這類人之間的連結往往會更加牢固。

因為投入，所以模仿

有些相似處是看得到的，例如，它可能是一種舉動或說話方式，而且往往我們感到自在時，會以某種形式模仿別人的行為或說話方式。只要人們投入對話，並感到互相契合，往往會有這種不自覺、但獨特的認同方式。

我姊姊艾普利和我長得不太像，但我們在同一個場所時，總會有人表示我們有相似的舉止和表達方式，甚至說我們的相似處令人覺得不可思議。事實是，比起分開時，我發現兩人共處一室的時候，我的言行舉止更像艾普利。我並沒有刻意讓這種情況發生，但事實卻如此，我在模仿她。而你和你喜歡的人說話時，你的說話方式和肢體語言，通常會自然而然地開始反映對方的模式。

幾乎每次我與青少年交流時，都會看到鏡像現象。在為這個年齡層的人舉辦的工作坊中，我經常要求他們挑選一位相處融洽的拍檔，然後請他們與拍檔談論自己熱衷的事情，或者與拍檔分享自己不為人知的一面。大約十分鐘後，我會在會場裡走來走去，要每一對拍檔「停住不動」。結果很驚人：兩個女孩在地板上盤腿而坐；兩個男生說話時，雙手都插在口袋裡；一個男生和一個女生說話時，兩人都雙腿交叉，靠著牆壁。在他們的談話過程中，他們不自覺地擺出與對方相同的身體姿勢。有一次我甚至看到兩個認識不到一天半左右的女孩，站著開始交談，然後換成不同的姿勢坐在地板上，最終調整了姿勢，都不知不覺地趴在了地上，面對面，雙腳屈膝，雙手托著下巴。

我第一次與馬特奧合作時，我們在一個會議室裡，然後我把簡報投影到螢幕上。而簡報的展示很快變成了一場對話，不久我們都朝著筆電前傾，看著小電腦螢幕上的簡報，而不是大投影螢幕上的畫面。我們不自覺地模仿了彼此的坐姿，並一起參考筆電的螢幕，這呼應了相似和合作的精神。

鏡像通常在不經思考的情況下發生，但也可以有意識地用來表達理解或緩解情況。如果有人坐時身體前傾、興奮地跟你講事情，而你模仿她的肢體語言、也向前傾，就表示你有興趣。向後傾會傳達出疏離感，這與我們想要的意思完全相反。相反的，向前傾會產生相似性，轉化為理解。即使你有意識地反映別人的舉動，也會感覺很自然。但不用刻意展現，否則就會讓人覺得很勉強。這不是在故意模仿人，你只需注意自己是真實地經歷到這種情況，並讓你的動作反映出你的投入感受。

烘托氣氛的祕密武器

在結識新朋友時，相似法則告訴我們，應該尋找共同點或相似處來建立信任，無論是什麼樣、在哪些方面的共同點。但隨著事業發展，面對新問題，我們的處理思維可能會愈來愈狹隘。因此，重要的是不斷擴大方法和策略，像是提出問題，並敏銳注意到答案所透露的資訊。另一方面，你與某人建立人脈連結的方式不勝枚舉，透過好奇心和傾聽的法則，你可以發現彼此的共同點，以及你們自然會在哪一方面產生連結。

在建立新關係時，共同點是建立信任的基礎。尋找共同點，以在對話中感到真正的輕鬆自在，這一點很重要。同樣的，保持信任和自在的感覺來結束對話也很重要。正如我們在下一章中會看到的，相遇時所產生的持久印象，是建立好感和真實關係的強大基礎環節，我把這稱為情緒記憶。

有關係，找關係，靠關係！

在招募時，相似和關聯法則是規則，而不是例外。所以你在找工作的時候，想想你認識的人**和**他們認識的人。如果你已經鎖定了某些公司，你是否認識任何可以幫你介紹的前任或現任員工？或者你的朋友是否認識公司的前任或現任員工？而校友會和社群網站是有用的工具，能找出和利用我們可能不會注意到的人脈連結。如果你知道面試官的名字，你甚至可以把名字輸入LinkedIn等網站，以了解你可能已經與哪些人有關聯，這可以建立背景資訊，並製造對話的機會。

有時，我們沒有特意去做什麼，相似法則就能對我們有利。我的同事華特講到他是如何獲得一名客戶的，當時客戶認出了她以前的同學，而這個同學替華特的網站提供推薦心得。這名客戶對這位同學不太熟，但她對他的印象很好，並透過聯想，認為華特的服務一定是一流的。

如果你無法找到相關人員來幫助你進入該公司，那麼附屬的組織或關係企業怎麼樣？該公司是否與特定的獵才公司合作？該公司的員工參加什麼會議，你能參加嗎？不要忽視在履歷表中突顯相似處的機會。儘管履歷表上的「其他興趣」，可能只是大學畢業後讓內容灌水的招數，但它實際上是理想的地方，可以列出你熱衷的愛好或興趣，幫助你脫穎而出。為了發現共同點，你需要對話的起點，而是否創造機會，找到這些共同點，完全操之在你。

要點整理

相似法則：大家都喜歡跟自己相似的人。

關聯子法則：我們通常會信任熟人提供的消息或資訊。只要跟備受信賴的人有所關聯，大家對他的信任也會延續到你身上。

找出彼此的連結：尋找彼此共有的嗜好、出身背景、經歷，以及信念等有助於建立人脈的相似之處。

鏡像模仿對方的行為：如果在對話過程中覺得很自在愉快、投入其中，你可以透過肢體語言來仿效對方的態度和舉止。但不用刻意展現，只要順其自然，運用你與生俱來的「鏡像模仿」能力即可。

相似處未必顯而易見：別被外顯差異唬住，只要努力挖掘，搞不好能找出令人意想不到的相似處。

8

情緒記憶法則

「助長壞心情的事，莫過於把壞心情散播出去。」

——比爾．華特森（Bill Watterson），

漫畫家和《凱文的幻虎世界》（*Calvin & Hobbes*）的作者

伊蓮是我大學時期的室友，她一直想成為很棒的朋友。她會不遺餘力地做一些很好心的事情，像是每當我不舒服就給我送湯，如果我和正在約會的男人交往不順，她會每天關切我兩次，如此等等。我真的很想回報她，但不知為什麼，我的努力對她來說似乎永遠不夠好。她對什麼是好朋友、好朋友應該怎麼做，以及好朋友需要做什麼事，有非常嚴格的標準。她對朋友的要求極高，她明確地期望朋友為她不遺餘力，就像她為他們所做的那樣。

而我沒有達到她的期望時，她總是讓我知道，好像她老是在評斷我。我能感覺到她對我感到失望，儘管我盡了最大努力，但我還是無法避免地與她產生磨擦。一個在我看來似乎無意冒犯的失誤，結果卻讓她很難受。如果我沒有在說好的時間打電話給她，她會認為這是對個人的冒犯。

經過一段時間後，我意識到，每當我想到她，我都會感到很緊張。我脖子的肌肉會緊繃，腸胃像是打結了一樣。我知道我不應該對我認為是朋友的人，產生如此強烈的負面反應，但想到她真的讓我的心情不好。她的挑剔天性和極高的要求，最終超越了我從與她相處中得到的快樂，所以我們的友誼也隨之惡化。

想想你最好的朋友，以及你們上次出去玩的時候。把那個畫面放在腦海裡，然後在腦袋裡重播。感覺如何？你是否在心裡、甚至實際微笑了起來？現在想想最近一次不太順利的談話。也許你被困在酒吧與討厭的人交談，或者你在辦公室被事事都要抱怨的同事困住。想想你必須跟那個人交談。那種情況的記憶讓你感覺如何？想像與那個人進行更多的交談是什麼感覺？

你與某個人或某種場合經歷的情況，即你得到的**感受**，無論負面還是正面，在實際的互動時刻過去之後，還會停留很長的時間。你留下的印象形成了你對那個人或事件的感受，這就是所謂的「情緒記憶」。而給他人留下正向的情緒記憶，是提升你的好感的關鍵。

說不上來，但就是讓人感覺很好……

我們都有過這種感覺：你在想某個人，感覺很好，卻說不出實際原因。是對話的內容嗎？也許吧，但你幾乎不記得說了什麼。是這個人的舉止，還是他對事物的看法？你說不上來。在無法說出原因的情況下，你就是會對他的一切感覺很好。這涉及到**情緒記憶法則**：人們更容易記住你給他們的感受，而不是你說了什麼。有一種同事會設法讓大家都放鬆，自然地開玩笑，而不會擺出一副自己很聰明的樣子，這種人通常會讓大家有正向的情緒。但是，也有一種同事經常在會議上否定你的想法，並以高音量打壓你說話。沒錯，想到那個人就會讓你想皺起眉頭和翻白眼。

根據研究，我們儲存一段記憶時，感官資料、心情和情緒狀態都會被寫進記憶裡。[1]這就是為什麼人在回憶時，經常在重溫當下的感受。那種揮之不去的感覺、也就是情緒記憶，是影響好感度的要素之一。因此，如果其他人對於你的情緒記憶是正向的，他們更有可能想再次與你互動。

實踐心法

消除負面記憶，是「計畫」出來的

我們常常沒有意識到自己所創造的情緒。正如了解如何創造正向情緒很重要一樣，懂得不再製造不良情緒也很重要。你若給別人負面的情緒記憶，對方主動與你互動的可能性就會降低。為了避免做出讓別人感覺不好的事情，你必須提高對他人和自己行為的覺察。

首先，列出其他人做過、讓你感覺不好的事情。比方說，你在描述事情的時候，朋友是否接聽了電話？你在說話的時候，新認識的人是否四處張望，沒有在看你？你是否有同事總是把情況說得像是天要

1 Eric Eich, Dawn Macaulay, and Lee Ryan, "Mood Dependent Memory for Events of the Personal Past," *Journal of Experimental Psychology* 123, no. 2 (June 1994), pp. 201–215.

塌下來了？在你的生活中，有沒有人表現出一副什麼都懂的姿態，幾乎沒有給別人表達意見的餘地？

一旦你完成清單後，請自我反省一下。你是否容易做出清單上的事情？有沒有人向你反應過，你做的事情給人留下了負面的印象？

再寫另一份清單，列出你可能做出的創造負面情緒記憶的事。別太擔心自己無法察覺做了這類事情。只要記下你能辨識出來的行為，並記住，如果有人做了讓你感覺不好的事情，那麼你做那種事，很可能也會讓別人感覺不愉快。從這份清單中選擇一兩件事情，開始注意，並把它根除。不要一開始就瘋狂地挑選，因為你永遠無法同時注意到所有的事情。反倒是選擇幾項就好，這樣你就可以真正專注於改變這些行為。

如何創造正向情緒記憶？

在許多方面，情緒記憶是我們所學法則的集大成。因為，你使用你所知道的方法，來增加給人的好感時，也有助於留下正向情緒記憶，同時讓你更察覺自己給對方留下的印象。

讓我們回顧一下，這些提升好感的法則在發揮最佳效果時，如何讓你以正向的方式與他人產生連結，從而創造正向情緒記憶。

運用語言、肢體和能量

在第二、第三和第四章中，我們探討了措辭、肢體語言和能量不僅影響我們對自己的印象，也影響其他人對我們的印象。這些法則互相影響，塑成了情緒記憶。因此，你投入的能量決定了你的措辭和肢體語言，然後這些語言和非語言訊息把你的能量傳遞給其他人，進而影響他們對你和情況的情緒記憶。這是一個循環，只要察覺到，就可以有意識地影響這個循環。

「往好處想是什麼？」

正如我們在第二章所學到的，我們在腦海中、以及與他人交談時使用的詞彙是一種選擇，反映出個人的想法。而正向的表達能給我們機會，用有利的方式，忠實呈現自己的想法。注意你的用字遣詞，並不斷問自己：「我怎樣才能正向地看待這個人、這個情況或這件事？」或者，就像我喜歡說的：「往好處想是什麼？」

例如，「我的童年過得並不輕鬆」，這句話就選用了正向詞彙。我本可以說，「我的童年很艱困」，這基本上與前句的意思相同，但兩種表達方式有一個重要的差異。由於我選擇說「童年過得並不輕鬆」，接下來我就可以這麼想，「但也不算是最艱困的。」用這種方式表達，可以立即把我導向正向的思考，平衡我的能量，讓我的能量更為中性。

我們不僅對於人有情緒記憶。對於情況、事件，甚至是公司和組織，也會有情緒記憶。因為我可以選擇自己的措辭，並使用正向的表達方式，所以我對父母離婚的情緒記憶，並沒有在人生中留下嚴重的後果。我沒有把負面情緒記憶附加到對婚姻的想法上，也沒有驚恐地逃避對情感的承諾。我能夠專注於這段經歷，這讓我學到在人際關係中什麼該做，什麼不該做。因此，我能夠積極地看待婚姻，並用清楚的思緒處理婚姻問題。

肢體騙不了人的

在第三章中，我們檢視了心理學家麥拉賓的好感公式，該公式指出肢體語言對人們整體好感的影響超過五〇％。如果你希望在對話結束後，以真實的自己面對他人，你需要確保在互動過程中，你所說的話與你所說的**方式**是一致的，也就是你的語言和非語言訊息需要傳達相同的東西。

肢體語言有許多微妙之處。畢竟，由於文化、性別和風格的差異，很難有嚴格的非語言交流規定。儘管如此，透過手勢溝通還是有一些需要注意的基本重點。如果你想增加創造正向情緒記憶的可能性，肢體語言有四個方面要注意：

- **眼神接觸**。持續的眼神交流會使人感到被傾聽和尊重，因此會讓人感覺很好，有大量的科學證據支持這種說法。例如，直接的目光接觸會釋放出讓人感覺很好的腦內啡，而心臟會跳動得更快一些。[2]當然，這並不意味著你應該沒完沒了地盯著某人。請依循你的自然本能，保持眼神交流，藉此表達出你正在傾聽和理解對方所說的話。
- **微笑**。一個真誠的微笑極其強而有力，它傳達了輕鬆、坦率、平易近人和值得信賴的訊息，這可能是表達好感最直接的方式。真誠的微笑會產生強烈的正向情緒記憶。即使對方不記得你說過什麼，他也很可能記得你的微笑。微笑就像是邀請人加入對話，並且可以自在地說出心裡的想法。當然，有些人天生並不擅長微笑，但我鼓勵你去練習。肌肉記憶最終會發揮作用的，你會發現自己更自然地微笑。我敢說，你也會感覺更快樂。

- **點頭**。點頭是另一個強大的非語言訊號，但是針對不同性別，它的意思可能會不太相同。包括生產力管理專家和作家西瑪・利伯曼（Simma Lieberman）在內，許多研究人員都認為，男性在同意某事時會點頭，而女性點頭則表示她們在聽。不管你是男性還是女性，也不管你如何點頭和為什麼點頭，最好的辦法是意識到你點頭的次數。

---

2 尼可斯（K. A. Nichols）和錢普尼斯（B. G. Champness）探討目光接觸和腦內啡的關係，見 "Eye Gaze and GSR," *Journal of Experimental Social Psychology* 7, no. 6 (November 1971), pp. 623–626；馬蒂亞斯・維塞爾（Matthias J. Wieser）、保羅・波利（Paul Pauli）、傑奧格・艾帕斯（Georg W. Alpers）和安德里斯・穆伯格（Andreas Mühlberger）在〈社交焦慮中，眼神交流真有威脅性和要避免嗎?〉中談到了由於眼神交流，導致心跳加快。*Journal of Anxiety Disorders* 23, no. 1 (January 2009), pp. 93–103.

在非語言表達中，點頭應該是一種訊號，你不想過度點頭，因為點頭次數太多，它的功用（表示同意或專注）可能會減弱。同樣的，請注意點頭何時可以幫助你傳達對目前情況的體驗。如果點頭完，快速輔以口頭訊號，例如，「嗯，這很有趣」或「我非常同意你的觀點」，這樣點頭可以有效地表明你理解聽到的內容。

- **個人空間**。兩個人談話時的實際距離被稱為個人空間，而有兩大因素會影響人們對此的感受：文化和溝通風格。有些文化對親密的個人空間更自在，有些文化則喜歡保持更遠的距離，這都依情況而定。如果你去中東旅行，你會看到男性朋友成群一起散步，手臂搭在對方的肩膀上。而在北歐，男性朋友走在街上時，通常會站開一點。此外，我們在第三章學到的溝通風格，也會影響人對個人空間的偏好。Z字型和圓型風格的人通常可以接受碰觸肩膀的表達方式。然而，角型和直線型的人喜歡維持不去碰觸肢體的無形界限。在處理個人空間時，請牢記文化和溝通風格的差異，並相信自己的直覺。只要你意識到自己所處的情況以及與你在一起的人，任何你感覺是自然恰當的，就是最好的做法。

轉變你的能量

第四章探討了能量法則：能量是有感染力的。如果你想讓別人感覺很好，首先要讓自己感覺很好。正如第四章所強調的，感覺很好並不一定意味著感到振奮和快樂，而是代表你所面對的情況和對象，都讓你感覺正向和恰當，可以產生人脈連結。

如果你知道，在參與某種情況時，你的心裡並不愉快，那就轉變你的能量。想一想當下什麼能量最適合你，如果有必要，回憶一下你確實有這種能量的時候。盡可能專注於細節，回憶當時的感覺，並吸收那種感覺。這樣做的目的不是為了假造心情，而是為了在自己內心找到或重新激發這種心情。

欣賞、讚美並尋求建議

好奇心和傾聽可以對我們建立的人脈連結，產生深遠的正向影響，它們也是塑造正向情緒記憶的有力方式。使用你在第五章和第六章學到的好奇心和傾聽的策略，在建立人脈連結時，創造良好的能量和持久的印象。

不要光是想，要說出來

第六章「說就對了」的策略，可以管理內在干擾和提高傾聽的能力，也可直接應用於創造情緒記憶。基本前提是：如果你可以直接告訴別人，就不要讓對方誤解你的想法。而運用在情緒記憶上，「說就對了」這句話變成了「不要光是想，要說出來」。

在我的人生中，我的同事洛莉得了乳癌的經歷，讓我意識到自己的情緒記憶。儘管我們不是特別親近，但看到她這麼優雅、勇敢和幽默面對她的疾病，我必須說些什麼，即使我讓自己和她都感到尷尬。所以，我終於告訴她，我非常敬佩她。她深受感動，並告訴我，癌症從她身上奪走了很多東西，但也給了她很多東西，而我好心的話語就是禮物之一。她的觀點讓我覺得必須要謙卑。不久之後，她就去世了。我想到她，就想起了生命是多麼短暫，以及我們不能浪費機會，要勇於說出心裡想說和需要說的話。

在生離死別的情況下，我們往往記得要把自己的想法說出來。但我與洛莉的經歷提醒我，在不那麼重大的情況下，我也要這樣做，這就像從迷迷糊糊中清醒過來。即使在瑣碎的時刻，我也開始有意識地與人接觸，在適當的時候告訴他們我在想什麼，表達出我內心的讚賞和欽佩之情。我感謝公車司機，他在我追公車時等了我，我不是簡單敷衍地說「謝謝」，而是看著他的眼睛，讓他知道我感謝他的好心，因為這對我很重要，並說了更感人和切身相關的話。例如，「你讓我今天可以很順利，不會被守時的老闆大罵。」我停下來和管理員聊天，感謝他總是面帶微笑，向我問好，幫我拿包裹，替我的孩子或鄰居的狗服務。有一次在一場會議上，我走向講者，稱讚他以有效、但有禮貌的方式面對態度激烈的質問者。

關鍵是要敞開自己的心扉，看看那些一直在我們身邊的美好事物，但我們卻很少停下來留意、讚賞或感謝。所以，**不要光是想，要說出來**。

不久前，我在一家製造公司進行了為期兩週的培訓課程，我們討論到了員工考績，其中一位參與者把年度考績視為「讓自己參與對話」的機會。這是非常棒的說法，也是很好的描述情況方式，我立即稱讚了他，並在接下來的培訓中使用了這個說法。而且，每次我提到這句話時，都把功勞推給他。這不僅讓他感覺很好，更讓整個團隊都很有參與感：他們覺得很自豪，因為他們其中一員創造了一個我想在培訓中納入的短句，這讓他們覺得自己真正積極地參與了培訓。

告訴人們你真心欽佩他們的地方，可以增加他們與你的連結感，讓對方感到被人理解。而建立的連結感愈深，就愈有可能建立起有意義的關係。

實踐心法

一開口就暖心的讚美練習

積極地注意到你欣賞其他人的地方，並告訴他們，這似乎是一個小舉動，但可以產生很大的影響。你認識的人，甚至是陌生人都會喜歡真誠的讚賞和讚美，因為這讓他們感到被重視。而且，你評論的事情不一定要很重大，可以是很簡單的事，像是某人總是用帶著微笑的聲音接聽電話。也可以是很重要的事情，像是某人處理困難的情況。只要你是真誠的欽佩，那麼對方也會真心感激你的讚美。此外，把你的欽佩之情說出來，也會讓自己內心感覺舒服。

選擇一：感謝你認識的人

想想你經常見到的人，以及你欣賞他們的地方。也許你欣賞辦公室的接待員相當勤奮地讓一切按時進行，或者你對同事總是能夠完成最困難的交易而印象深刻。現在把那些欣賞他們的想法說出來。下次他們表現出你欣賞的行為時，請告訴他們。表達你的讚賞不僅可以增加正向情緒記憶，還讓你有機會鼓勵他們更去展現自己令人喜歡的特質，並從他們的所作所為中學習。

選擇二：讚美陌生人

要讚美不認識的人可能感覺很怪，但我們都有充足的機會，以自然的方式這樣做，養成這種習慣會讓我們進一步察覺自己所處的情況和創造的情緒記憶。下次你旅行時，如果碰到脾氣暴躁的顧客因為航班延誤，向冷靜親切的空服員發怒，請讓空服員知道他做得很好。若你遇到讓人抓狂的客服問題，讓你沮喪地在電話上感覺好像耗了好幾個小時，記得告訴電話另一頭非常有耐心的員工，你知道問題不是她的錯，並感謝她的幫助。

尋求建議，讓關係持續發展

跟隨你的好奇心，表達你對某人真心感到興趣，這樣可以產生連結，並為更深的情誼開闢道路。為了在創造情緒記憶方面，把好奇心法則（第五章）發揮到最大，請向那些你真正欣賞和高度重視的人尋求建議。畢竟，你詢問某人的意見、建議或專業知識時，你傳達的訊息是：**我重視你**。這會產生正向情緒記憶，因為被諮詢建議時，人們一般會覺得自己的長處受到尊重和認可。同時，你正在利用自己的好奇心，創造學習的機會。尋求建議可能會讓你覺得在示弱，但這是一件好事：展示脆弱的一面意味著坦率和真實，這些是非常討人喜歡的特質。透過勇敢地揭露自己，你為持續的溝通打開了大門。

在職場上，師徒關係是尋求建議的經典互動方式。你可以與已經認識的人建立這種關係，但也可以與初次見面的人開展這種關係。有一次在會議午休時間，我發現自己坐在一位名叫歐拉的女士旁邊，她是紐約大學的兼任教授。我從小就夢想有一天成為大學教授，但從未想過擔任全職教授。我問歐拉是如何開始在紐約大學教書的。我全神貫注地聽著她的故事，她問我是否曾經做過教學工作。我解釋說，這是我一直希望兼職的事，但不知道如何尋找這種機會。她提出要把我介紹給她的系主任，我那週晚些時候再詢問她時，她已經向系主任推薦了我。後來，我聯繫到系主任，並安排面試，在接下來的幾週裡，她慷慨地撥空幫助我，給予我建議。我在下學期開始在紐約大學兼任教師，這有很大部分要感謝歐拉的指導，她也繼續幫助我應對這個工作所帶來的令人興奮的新挑戰。

不要擔心，身為徒弟，你可能會覺得自己得到的比付出的多，但你一定會有機會扮演付出者的，我們將在第十章仔細談到付出法則。另外，請記住，人們喜歡受到重視，喜歡自己的專業知識得到認可，所以透過尋求建議，你可以建立正向情緒記憶，這有助於維持關係，讓關係能夠繼續發展。

如何結束聊天，讓互動意猶未盡？

知道何時該結束對話往往也是一項挑戰。如果結束得太快，可能會發出訊號，表示你失去了興趣，或寧願去和別人交談，或者產生其他負面暗示讓談話的另一方感覺不舒服。然而，談話拖得太長，也會給人留下不好的印象，像是你想要霸占對方的時間，或者別人已在婉轉暗示該結束對話了，但你卻視而不見。

你希望在結束談話時，對方有點意猶未盡，並從與你的互動中感到積極的活力。如果你可以在結束對話時，讀懂別人的想法，在理想情況下，他們會這樣想：

- 「和你交談很愉快，我等不及有機會再和你談話。」
- 「你向我詢問意見，真是太好了。這給了我幫人的機會，讓我覺得自己很聰明。」

- 「你的握手方式讓人覺得很棒，在我們整個談話的過程中，你的眼神很有自信和投入。我知道你很專心，並且對我說的話很感興趣。」

如果你不確定是否應該結束對話，請嘗試以下說法。如果與你交談的人想要繼續談話，這些說法會讓對話有機會進行下去。但假如對方覺得是時候結束談話了，這些說法也會提供很好的離開理由。

- 「**參與的人愈多愈好……**」如果你發現有人沒有參加任何談話的群組，邀請他們來你的群組中。在群組中加入新的人員可以替談話內容增添新鮮感，而如果有人想離開，也可以優雅地離開。
- 「**我可以幫你拿杯飲料嗎？**」如果有需要，這句話創造了輕鬆離開的機會。「我要去拿杯飲料，要幫你拿一杯嗎？」這麼說有兩種可能性，離開或繼續。請從對方的反應中獲取訊息。

- 「**我要往這邊走。**」這個策略在會議或研討會上特別有用。試著說，「我想去看看……你想和我一起去嗎？」這顯示你不是只想擺脫對方，你很樂於有機會和他一起深入探索這個活動。
- 「**我們去認識一下人吧？**」這類似於前一個說法，但適用於幾乎任何社交場合。與某人一起在人群中穿梭，也創造了機會，重新激發先前的談話，或開闢新的討論話題。

在結束談話之前，一要努力讓對方有好感，二要創造後續聯絡的機會。我們將在本書的第三部分，探討後續聯繫的方法。但是，如果你已經盡了最大努力，但發現事與願違、無法以正向情緒記憶結束對話，那就放手吧。比起強行交流，讓對方留下負面的互動記憶，還不如優雅地結束一場沒那麼精彩的對話，至少還能創造中性的情緒記憶。在結束對話時，給人留下中性的印象，未來就還有機會，再次建立人脈連結。

無論是否借助談話結束用語，大多數對話都是自然結束的。對於那些很明顯是時候結束談話了，但不知為何，仍然會覺得尷尬的時候，可以使用一些「備用」對話結束句。把你說的話與肢體語言結合起來，以強化對話要結束時的口頭暗示，例如穿上外套或拿起包包，把身體轉向出口，以及伸出手臂握手。如果你說了以下這些話，人們一定會明白該結束對話了：

- 「我會確保（後續事項）。」
- 「你喜歡用電話，還是電子郵件聯絡？太好了，你很快就會收到我的消息。」
- 「我很高興認識你，謝謝你告訴我……」
- 「你知道洗手間在哪裡嗎？」

從本質上講，情緒記憶的法則是建立感覺良好的聯想，這樣你就可以給別人留下好印象。而有很多方法可以增加好的情緒記憶，但最重要的是：要真實。

好合作，好形象，好口碑

情緒記憶是企業成敗的基礎。企業如何經營、如何與客戶打交道、如何對待員工，都會影響企業的形象，而且人們會根據以往的經驗，選擇與該企業互動的方式。

你對電信業者、當地五金店或任何商品或服務供應商的感受，是由你與該公司的經驗所決定的，尤其是與你互動的人員和他們提供的服務品質。如果你對這些經歷有正向情緒記憶，你很可能會再去光顧，甚至推薦給其他人。如果沒有正向情緒記憶，總會有其他的零售商或業者可以為你提供類似的商品或服務。

我會去某些商店，因為在那裡的購物經驗一直都很好。我知道他們會提供產品相關問題的協助，且在接客戶的來電時會口氣愉快，並讓交易變得輕鬆簡單。我喜歡走進我家那邊高檔家居用品店RH時的感覺，我知道每名員工的名字，而且他們也認得我。即使我第一次去那裡購物，連一件商品都還沒有購買，工作人員還是會熱情招待，從不會催促你買東西。就算銷售人員在接待其他客戶，也會讓你知道何時有人可以有空協助你。在上次的節慶檔期時，店裡的排隊隊伍很長，我在選擇想買物品的顏色方面遇到了困難。副理查茲建議，一旦我決定了顏色，我就可以回家，打電話下訂單，透過電話付款即可，於是我就照做了。第二天我再去的時候，他已經幫我把東西都打包好，可以直接拿走。那家商店員工一直都提供一流的服務，這只是其中一個例子，所以我很高興繼續在那裡購物。

但在企業界，光有客戶忠誠度是不夠的。要想真正成功，企業必須掌握員工的忠誠度。而企業在這方面做得如何，從企業處理裁員的方式就可以明顯看出，這一點近年來特別值得注意。我的朋友愛德華替他的公司工作了幾年，他非常喜歡那裡。他當時在一個小部門，事後回顧，他承認自己沒有意識到他的部門在公司內的重要性愈來愈低，但他和他的團隊合作得很好，效率很高。總體而言，他在公司的經歷非常正向。

然後公司開始裁員。人力資源部讓幾十名員工，包括愛德華部門的所有人，待在一個房間裡，讓他們等上幾個小時，然後一個接一個地告訴他們將被解僱。他們有一天的時間收拾辦公室的東西，並拿到微薄的遣散費。而愛德華把要離開的消息告訴其他部門的同事時，公司的合夥人懷疑地跟著他，問他要去哪裡，好像他要竊取商業機密一樣。不用說，這樣糟糕的裁員方式完全抹殺了愛德華之前對公司的正向感受。

反之，我的朋友莫妮卡和愛德華在同個產業，大約也在同個時期被解僱。但她拿到的遣散費是他的六倍，還得到了轉職協助，並在尋找新工作期間也可以使用辦公室和辦公設備。遣散她的公司支持她找工作，因為他們知道前員工可能有一天會變成未來的客戶，所以明智地不想過河拆橋。

要點整理

情緒記憶法則：比起你說過的話，別人更容易記得你帶給他們的感受。

怎麼說，比說什麼還重要：比起說出口的一字一句，你展現的能量通常會在他人身上留下更深刻且長遠的印象。

運用語言、肢體和能量：前述的用字遣詞（第二章）、肢體語言（第三章）和能量轉變（第四章）策略，也能用來創造正向情緒記憶。你的自我認知和呈現自己的方式，會直接影響你在他人心中留下的印象。

欣賞、讚美並尋求建議：表達他人有哪些令你欣賞的特點，能讓他們感到被理解。而尋求對方的意見則能讓他覺得備受重視，同時也能展現你心中柔軟、脆弱的一面，這些都有助於建立信任。請利用這兩項強而有力的工具，來創造正向情緒記憶。

知道何時該畫下句點：在最恰當的時候退出對話，確保能留下最正向的情緒記憶，讓你有機會進行極具效益的後續聯繫。

PART III

經營

建立長久連結

Likability

我的客戶皮特是一名軟體設計師，兩年前，他在太太校友會舉辦的烤肉活動上，和太太的同學亨利聊了起來。亨利也從事科技業，皮特是經由社交場合認識他的。他們兩人見面時，總是有很多話題可以聊。

烤肉活動過後幾週，皮特的太太遇見了亨利，亨利說他的公司有一個職缺。她建議皮特追問亨利那份工作的事，但皮特猶豫了。他對自己的工作雖不熱愛，但還算滿意，而且他不希望亨利認為他在施加壓力，或很冒昧。在太太溫和的鼓勵下，皮特終於聯繫了亨利，並去面試了這個職位，結果很興奮能得到這份工作。如今，皮特擔任軟體設計師行業協會的主席，亨利也是該協會的成員，兩人經常為他們公司和組織的專案進行合作。

一旦你與別人展開對話，甚至可能有多次互動，並根據好感建立了真正的人脈連結，接下來會發生什麼情況？你們之間的關係要如何超越握手，或同業在烤肉聚會上嗑漢堡、喝啤酒的輕鬆閒聊？

第三部分是關於如何保持聯繫，讓我們的人脈連結有機會繼續擴大和成長。對話後要做的事情很容易被忽略，我們可能會覺得好像沒有理由去聯繫對方，或者後續沒有什麼實質性的東西可以跟對方說，或者太忙了，沒有時間去聯繫，但是後續聯絡是建立有意義關係的關鍵。在接下來的三章中，我們將學習有效的方法，讓你能在某人的心中留下深刻印象，延續之前對話談到的事情，提供價值，並且一定要學習保持耐心。因為把相識的人轉變為互有交情的關係需要時間。

9

熟悉度法則

「在政治上，親近不會生狎侮，它會生選票。」

——社會學家保羅．拉扎斯菲爾德（Paul Lazarsfeld）

第一次聽到別人提到馬克的時候，我迫切需要一位顧問來緊急設計企業培訓計畫，而且要在不到兩週的時間內完成。我才剛創業，正在為第二個客戶進行專案，所以我需要有人快速地把專案整合在一起。我探聽了一下，結果所有人都推薦馬克。我們兩個人談了幾次，熟悉了彼此，並討論了這個專案，然後我就聘請他的公司來進行這項任務。此外，我也在他的聯絡人清單內，開始每週收到他的郵件，其中包含激勵人心的金句和保持動力的方法。

在接下來的幾個月，我們幾乎沒有直接聯繫，但只要我在這個新工作領域遇到人，一聊到認識哪些人，馬克的名字就會出現，似乎大家都認識他。

在我們初次見面一年多之後，我突然收到馬克的祝賀郵件，他看到了《紐約時報》引用了我的話。收到這封電子郵件，我真的很興奮，也很感謝他努力與我聯繫。幾個月後，我的業務開始蓄勢待發，有一位客戶想要擴大他們的教練平台，所以請我找來更多的顧問。馬克的名字立刻出現在我的腦海中，他是我介紹給客戶的第一個人。

多年來，馬克和我一直都有將對方記在心上。我們會在撰寫出版提案時彼此聯繫，並交流意見。每隔一段時間，我就會收到他的電子郵件，得知他將參加美國全國公共廣播電台或CNN的節目。

雖然我們不常直接聯繫，但我常常想起馬克。他透過許多有效的方式，讓大家知道他的名字。而且他的名字不斷出現，讓人感到熟悉和可以信賴。

在我職涯的早期，我嘗試要去一家大銀行工作。我認識該銀行的員工羅伯托，他給我了培訓部門負責人克莉絲蒂的姓名和聯繫方式，並說我在與她聯繫時，可以提到他的名字。我照做了，但沒有得到任何回應。我的另一位朋友兼前同事，他也在這家銀行上班，幾個月前，他曾提過如果我想請他推薦的話，他可以幫我介紹給公司，所以我決定是時候接受他的提議了。他透過電子郵件把我介紹給克莉絲蒂，這一次我幾乎立刻就收到了她的回覆。她說：「我到處都聽到妳的名字。」顯然，我的名字也出現在她參與的人力資源論壇上。直到她從多個管道聽到我的名字後，她才給我回了電子郵件。

我相信只是因為我的名字被多次提到，克莉絲蒂才建立起對我的信任，這是經常發生的現象，「哦，我以前聽說過她。」然後這會讓人心想，「她一定很好。」只要人們得知你的事情，或聽到愈多你的消息，就對你愈信任、愈自在。無論你是不是在對方的視線範圍內，建立心理和生理的熟悉感，可以增強人們對你的好感，所以培養這種熟悉度很重要。

熟悉的事物最對味

有一次，我在會議上注意到一個人，他名牌上寫的公司聽起來很熟悉，我迅速在黑莓機上搜索了公司名稱來喚起記憶，然後我走到那個人面前自我介紹，提到我認識他們公司合夥人的名字（用「相似法則」來撐腰）。但他對我的主動沒有很熱情，所以在簡短的交談後，我沒有再進一步多談。而活動結束後，我又給他發了一封電子郵件，並得到了簡短的回覆。

大約六週後，我們又一起參加了另一個會議，這次有一位共同的朋友替我們介紹彼此。他比初次見面時親切了一點，也記得我們之前碰面過，但他仍然保持著距離，並沒有回應我加深人脈連結的努力。在接下來的幾個月裡，我們的活動繼續有所重疊，每次我們相遇時，他都會變得更熱情一些。一年後，我們終於在同一個專案小組上發言時，他對我滿臉笑意。這是**熟悉度法則**發揮的作用：人們對自己知道的人和事感到自在。

這個人花了很長時間，才展現出輕鬆、溫暖的一面。人們常要經過幾個階段才能和新認識的人熱絡起來，慢慢地營造出溫暖的互動氛圍。起初，我對他來說是不認識的人，即使我們有共同的朋友，他也需要更多的人脈連結，才能產生信任和安心，而人們往往對他們熟悉的人事物感到最安心。

廣告業者一直都依賴這個概念。畢竟，消費者對某個品牌的了解愈多，就會感到愈安心、愈信任，該品牌就愈有效力。想想看超級盃的廣告：為什麼廣告主願意花一百萬美元在節目中播放廣告？答案是，有很多觀眾會看超級盃，而且這個時段的廣告會產生非常多的後續效應。即使是廣告做得普通的公司，人們也會反覆地提到廣告所宣傳的品牌，從而增加熟悉感。

當然，經由正向的聯想把你的名字留在人們的腦海中，這跟大肆宣傳，令人們倒盡胃口，兩者之間有一條微妙的界限，關鍵是以展現本色的方式建立熟悉感。正如我們之前提過，展現本色與好感是彼此相關的。請以建立人脈連結的心態與人聯繫，而不是自戀地公然自我推銷。

還記得我嗎？

與往常一樣，好感法則環環相扣。在互動過程中，你與某人建立人脈連結，並開始熟悉對方，在會面結束後，你可以繼續發展這種熟悉感。一旦你遇到某個人，並確定你喜歡對方，也建立了很好的情緒記憶，這正是你想要與對方保持聯繫和維持對話的時候。

有一些明顯的情況是我們可以、而且也應該與對方再聯絡，不過更重要的是，要增加我們聯繫的頻率。我們要經常用不同的方式和理由去擴展人脈圈，讓人脈連結繼續發展，從而增強熟悉感和好感度。每次你與另一個人聯繫時，都要使用能促進正向情緒記憶的語言。甚至在你的後續行動中，說出像「我們」這樣簡單的字眼，也會加強彼此的連結感。

發送祝賀，找出話題

發送祝賀或祝福是簡單且不唐突的方式，可以讓你留在某人的腦海中，增加正面觀感，並表達你對維繫人脈的興趣。祝賀的話題並不重要，重要的是你所發送的真正訊息，「我當時認真聽你說的內容，而且我有想到你。」

而要找到話題，請回想你們的對話。你從中了解到這個人的什麼事？你們當時在談些什麼？你的後續行動需要顯示你很注意對方的談話內容，並了解對方所分享的重要經歷或里程碑。你想證明你不僅聽到了、也聽進對方所說的話。

以下只是簡短的清單，列出了我在談話中可能了解到關於對方的事情，這些事情會成為我後續交流的一部分：

- 對方即將參與的工作項目、客戶會議、訓練、會議或研討會。
- 對方的母校、最喜歡的球隊最近的比賽，或有新聞價值的事件。
- 對方即將前往的度假地點或「宅度假」計畫。
- 對方正在對抗疾病，或在幫助生病的父母、配偶、朋友或孩子。
- 對方家中剛有或即將有新生兒（注意是男孩還是女孩）。

• 對方的生日或孩子的生日，或是計畫參加或舉辦的生日派對。

如果你在與新認識的人交談後，容易忘記談話的細節，請在談話結束後立刻做我所做的事情：記筆記。我總是隨身攜帶一支筆，這樣我就可以把名片翻過來，寫下一些評語，說明我如何認識這個人、我們談了什麼，以及我想記住的特別資訊。尤其是參加交流活動或會議時，這個策略特別有用，因為你離開時，可能口袋裡有一堆名片，而且喝了幾杯雞尾酒後，你的記憶會變模糊。

有時候我甚至會寫下對方的長相特徵，來幫助我回想。現在有各式各樣的電子資源可以幫助你與別人保持聯繫，並指定在適當的時間發送祝賀信。這些筆記不一定要是關於對方的個人資訊，內容可能是對方的公司完成重大的交易、獲得關注度高的客戶，或新執行長剛上任的消息。

不要擔心你祝賀信的主題可能與你們的共同利益無關，即使只是提到漫談中的小細節也無妨。而用祝賀訊息來保持後續聯繫是簡單的方法，向其他人表明你有想到他們，這麼做可以增加彼此的熟悉感和相關的正向情緒記憶。不久前，我以前的學生寄了一封電子郵件來祝賀我，她在居家生活雜誌《Real Simple》上看到了關於我的報導，沒想到我們竟然因此重新聯繫起來，我很高興收到她的來信，也很樂於再次聽到她的消息，而且我也很開心看到她在實踐熟悉度法則。

實踐心法

善用工具，人脈消息不漏接

我們可以運用科技，隨時掌握人們生活中的最新情況，以下有個好用的工具。

設定Google快訊

還記得馬克，那位熟悉度法則的大師嗎？他有一個很好的方法來了解朋友、同事和公司的近況：他會設定Google快訊。

為某人或某事設定Google快訊非常簡單，你輸入任何你想追蹤的關鍵字，像是：某人的姓名、公司名稱，甚至是圈內術語。然後，你從下拉式選單中選擇要搜索的來源：新聞、網誌、網頁、影片、討論群組或全選。接著，選擇收到通知的頻率和數量，然後輸入你的電子郵件地址，就大功告成了。你要追蹤的資訊會直接傳送到你的收件匣。

你的作業：在讀完這本書之前，至少設定一個Google快訊。

請掃描以下QR Code，設定想查找的關鍵字。

社交實戰！打造社群人脈網

網際網路使人們可以輕鬆建立起熟悉感，像是臉書、LinkedIn和推特等社群網站更是絕佳的資源，讓你可以用多種方式與人保持聯繫。而透過這些社群網站發送交友邀請，是聯繫新夥伴的絕佳方式，而且發送邀請無需特別的理由。你可以在初次見面後立即發出邀請，或者等待幾週後再發送邀請，表示想與對方取得聯繫。

面對形形色色的社群網站，每個人的運用方式都不同。例如，許多人偏好把臉書用在拓展私人關係，把LinkedIn用於公事聯繫。請找到你覺得是自然的方法，並建立你的人脈連結，以增加你給人的熟悉感。

臉書

臉書純粹是一個社群網站，唯一的目的是提供人們聯繫和結識朋友的平台。臉書是絕佳工具，讓你與以前認識的人重新聯繫、重續被遺忘的友誼，並幫助建立新的人脈連結。此外，臉書觸及的範圍非常驚人，根據二〇一〇年的統計，全美國幾乎有四二%的人擁有臉書帳號。[1]此外，每週的追蹤數據顯示，臉書的流量通常超過Google的流量。[2]

而每個用戶的個人資料包括個人興趣、愛好、生日、感情狀態和照片等，因此臉書是發掘彼此相似點的好地方。

它也是很好的工具，可以用平易近人、不唐突的方式給人留下印象。你能回應其他人的最新動態、加入貼文討論串，也可以直接在別人的個人檔案頁面或「塗鴉牆」上發布消息，或更新動態來發起討論。舉凡分享有趣文章的連結、就特定問題尋求建議、對時事發表評論，這些都是人們在臉書上與

1 「四一．六%的美國人擁有臉書帳號」，資料來源：Social Media Today, http://socialmediatoday.com/index.php?q=roywells1/158020/416-us-population-has-facebook-account.

2 Heather Dougherty, "Facebook Reaches Top Ranking in U.S.," Hitwise (blog), March 15, 2010, http://weblogs.hitwise.com/heatherdougherty/2010/03/facebook_reaches_top_ranking_i.html.

好友交流和刷存在感的常見方式。當然，關鍵是不要發布太多東西或太頻繁：你想使用這個工具與你的臉友建立對話，而不是讓他們看你在唱獨角戲。

你還可以利用聊天功能，基本上就是臉書的即時通訊系統。如果你和朋友同時在線上，可以向好友快速地說聲「哈囉！」系統會發出提示聲來通知對方。這種方式很溫馨友善、很簡單，而且不會給對方造成壓力。除了與熟人和朋友聯繫外，你還可以加入群組和社團，臉書讓人們可以根據特定事件、共同愛好或過去的關係建立連結。比方說，我小時候參加的夏令營回娘家活動，就是透過夏令營的臉書頁面舉辦的。多虧有了臉書，否則我永遠無法與我在活動中看到的大多數人重新建立聯繫，但現在我正在與其中的幾個人交流和合作。

LinkedIn

LinkedIn是商業導向的社群網站，用於建立專業的人脈連結。因此，

LinkedIn上的個人檔案資訊僅供商務用途，你可以決定顯示的個人資訊、分享你正在做的工作、即將參加或主持的活動、加入或創立人脈群組、提供和接收專業推薦。或者，也可以透過共同認識的人的介紹、或由系統推薦，來擴展你的人脈。

根據LinkedIn網站，截至二〇一一年一月，LinkedIn在全球兩百多個國家和地區，擁有超過九千萬註冊用戶。由於該網站使用「門控」（gated access）的方式，也就是說，在請求與某人建立人脈連結之前，需要有預先存在的關係或共同的聯絡人，因此LinkedIn保證了一定程度的信任和人脈連結。像我就很少在LinkedIn被人亂送加友邀請，而且我也從來沒有收過LinkedIn的垃圾郵件。

另外，請更新你在LinkedIn的個人資料，這個簡單的動作可以讓你的名字出現在人們眼前，因為這些更新會出現在他們收到的每週通知中。我總是會看LinkedIn的每週通知電子郵件，藉此輕鬆快速地了解在我的人脈中，哪些人一直活躍於網站上，以及他們的情況。我會根據這些訊息來決定接下來要做的事情。

- **最新動態**。我會像回覆臉書上的貼文一樣回覆這些通知。換句話說，只有我對發布的內容有話要說時，我才會回覆。如果有某個聯絡人分享即將到來的活動，我可能會祝他好運，或詢問更多相關資訊。
- **新聯絡人**。我會查看好友的朋友圈，看看當中是否有我認識的人。如果有人是我認識的，但我還沒加他們好友，我會發送交友邀請。假如我發現兩個友人竟然彼此也認識，我會向他們寄電子郵件，了解他們是怎麼結識的，從而加強人脈圈，創造分享資訊的機會。
- **有人加入群組**。這些通知是我發現我可能想加入的群組的方式。如果我的某個聯絡人加入了聽起來很有趣的群組，我會向此人發送電子郵件，問她是否覺得這個群組很有幫助。

- **回答或提出問題**。身為LinkedIn的使用者，一旦出現你想參與的對話，你可以在討論區回覆。或者，你有事情想詢問聯絡人時，也可以發起討論。
- **職位變動**。只要我看到聯絡人換了新的職稱，我一定會發送祝賀的電子郵件。這種方式可以詢問對方新的職位，並了解他最近的情況。人們通常喜歡分享他們的故事。因此，請讓好奇心法則發揮作用，並透過詢問來主動聯繫。

推特

推特被稱為網際網路的簡訊服務，因為推特允許人們使用最多一百四十個字元的簡短資訊，進行交流（按：二〇一七年，英文、法文、西文及葡萄牙文等地區已放寬至兩百八十個字元）。根據推特網站，截至二〇一一年三月，推特有超過一億七千五百萬名使用者，每天發布超過九千五百萬則推文（即推特的訊息）。

推特最有趣的一點是，雖然你可以限制你的推特網絡，因為你必須先批准「跟隨者」加入後，他們才能看到你的推文，但絕大多數使用推特的人和公司都讓他們的推文公開，因此無論是要關注一般人或大公司，任何人或任何事情都可以追蹤得到，也可以知道他們的發言。政治名人、財富五百大企業的執行長和頂尖記者都是活躍的推特使用者，透過追蹤他們，你也能成為對話的一分子。

推特的開放特性有另一個好處，它可以成為建立新人脈連結的方式。在我寫這一章的時候，我登錄了我的推特帳號，發布了一則推文，然後在幾秒鐘內就收到了電子郵件，說我有了新的跟隨者。有些人甚至使用推特，來舉辦與眾不同的二十一世紀聚會。舉例來說，自行車賽冠軍藍斯．阿姆斯壯（Lance Armstrong）擁有超過兩百萬名推特粉絲，他在二〇〇九年夏天創造了一個壯舉，當時他在蘇格蘭，在推特上寫道：「嘿，蘇格蘭的格拉斯哥市！我明天會去你們那裡，有誰想來騎車啊？」結果有數百人現身響應，與阿姆斯壯一起騎車，互相交流。

從推特的訊息更新，可以知道你的聯絡人在做什麼、看什麼、想什麼，或在讀什麼。很多時候，推文串只是純粹的資訊，但也有機會把它們變成對話。比方說，《一週工作4小時》（*The 4-Hour Workweek*）的作者提摩西·費里斯（Tim Ferriss）每次要旅行時，都會在推特上詢問當地的資訊，並收到數百則推文的回覆。他說這是很好的方式，可以從當地人的角度來了解一個地方，小聊一下當地事物。

儘管推特對於擁有大量粉絲的個人或公司特別有效，但即使你不是名人，它也可以很有用。例如，我的朋友尚恩是樂高藝術家和作家，他在推特上發布了即將舉辦的簽書會時間和地點，或他的作品展覽，或者分享最近有哪些關於他的作品的文章或影片。他用這種做法，讓粉絲知道他正在做的事情，以及他什麼時候有特別的活動，從而創造了聯繫和見面的機會。

實踐心法

社群媒體用語大解析

臉書、LinkedIn和推特是目前最受歡迎的三個社群網站，但還有很多其他網站，而且社群網站的樣貌一直在變化。此外，每個網站都有特定的用語，並具備不同的優勢、限制和功能，儘管基本用語和功能往往類似。以下摘要說明社群網路中常見的基本用語，以及這些用語在三大主流社交網站之間的差異。

個人資料。這就是你的線上形象，也可以看成是你的首頁。你可以創建個性化的個人資料，並且根據自身意願選擇公開的資訊多寡。你也能在個人資料中添加照片，這樣其他人就可以把你的名字和臉對起來。而隱私設定讓你能進一步指定哪些人可以讀取你的個人檔案。而不同的網站會要求不同類型的內容，來豐富使用者的個人資料。

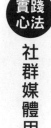

* 臉書的個人資料就像個性化的日記／相簿／留言板，你可以打造個人資料。比方說，你能顯示家鄉、生日、感情狀態、聯繫資訊、工作經歷、就讀過的學校、最近旅行的照片、喜歡的電影等等。
* LinkedIn的個人資料幾乎就像線上履歷，包含你的工作經歷、教育背景、興趣和參與團體的詳細資訊。你的個人資料還顯示你的聯絡人給你的能力認證，基本上就像線上推薦信。
* 推特上面的個人資料是最不完整的，僅顯示你的姓名、所在地、個人網址、簡介、你追蹤的人數和粉絲數，以及你的推文紀錄。

朋友圈。你的人脈包括你與對方互為好友的人。社群網站使用不同的用語來表示人脈中的成員，這些用語包括：

- 臉書的「朋友」。
- LinkedIn的「聯絡人」。
- 推特的「跟隨者」。

狀態更新。要在社群網站上「拓展社交人脈」，並非僅透過更新個人檔案，還包括即時的交流。不過，藉由更新狀態，你能簡短說明自己目前在做的事情、在想什麼，或正在經歷的事情，並與你的人脈分享。許多專業人士會更新狀態，來與同事和夥伴分享他們參加或主持的活動。

- 臉書的用詞是「動態更新」。在個人檔案的狀態欄位上編寫資訊，然後按一下按鈕，發布給你的臉書朋友。
- LinkedIn的用詞是「人脈網更新」。透過LinkedIn的首頁或個人首頁上的更新連結，發布問題、想法或文章連結。

- 推特的用詞是「推文」，這就是推特的精髓，發布你想說的任何內容，但長度不能超過字元限制。

通知。你可以設定功能，一旦你的人脈更新狀態、或更改個人資料，網站會向你推播最新消息。

- 臉書可讓你選擇想要接收的資訊，以及你想收到的方式。例如，有人向你發送好友邀請、對你的新動態發表評論，或上傳照片時，你可以自行設定偏好，以便獲取通知。這些通知可以透過電子郵件或簡訊發送，而在智慧型手機上也可以隨時查看臉書內容。
- LinkedIn讓你決定接收通知的頻率（立即、每天、每週），以及你希望收到的訊息類型（事件、群組活動、個別聯絡人的活動）。你可以下載LinkedIn的應用程式，這樣你就可以用行動裝置造訪該網站。

- 推特要求你為你關注的人個別設定通知。然後你可以選擇用簡訊或電子郵件，來獲得新的推文通知。而智慧型手機上也有許多推特的第三方應用程式，可以用來發送推文。

塗鴉牆。這是臉書專有的用語，你的個人塗鴉牆基本上是虛擬的留言板。你的人脈，即你臉書的「朋友」，可以在你的塗鴉牆上發布訊息，並對你的照片、影片或最新動態發表評論。請記住，這不是私密的論壇，因為你臉書的人脈都可能看到你牆上的內容。此外，如果共同好友在彼此的牆上貼文，你也會看得到。

三大舉動，讓別人記住你

要讓別人記住我，有三件最有效的事情是我會去做的。這些也是感覺最自然和真誠的方法，因為我發自內心去做。也就是說，它們反映了我對人脈連結和建立人脈的重視。第一個方法，是介紹我認為應該互相認識的人，我是讓這些新關係產生火花的共同中間人，自然會在他們心目中產生分量。第二是邀請人們參加、或通知他們可能會感興趣的近期活動。即使最終沒有人來參加活動，對方也會知道我有想到他們，這反過來又會促使他們想到我。

我經常做的第三件事，是問候人們。「替我向某某某問好」，聽起來似乎很老套，但這是容易做到的事情，甚至對傳達訊息的人也很有幫助。因為這提供了現成的話題，讓人們有機會去發掘與對方的相似處。

不必見面，也能維持能見度

在正向的情境下，反覆地聽到某人的名字，可以建立專業的可信度，有助於建立舒適輕鬆的融洽關係。但這不代表需要安排會議或有計畫地交流，才能建立熟悉感。即使沒有親自見面也做得到，而且也不會留下你在糾纏別人的印象。你所要做的，僅僅是持續追蹤牽繫彼此交情的談話細節，充分利用網路資源。如此一來，就可以逐步建立起熟悉感，而且一想到你，就能聯想到得當的想法與事件。請記住，要以你覺得真實和展現本色的方式來運用這些策略，不要表現突兀或咄咄逼人。然後也要尊重對方的個人空間、不要衝著要見面，待在他們的朋友圈即可。

要點整理

熟悉度法則：我們會對熟悉的人事物感到特別輕鬆自在。

建立熟悉度：利用社群軟體、祝福的短訊、個人推薦和寄送問候訊息，來讓別人記得你。

持續對話：利用科技工具和社交平台來提升與他人互動的機會。

保持真誠：以對你來說最自然、真誠的方式來使用電子媒體工具，不用非得在別人面前出現，造成他人的困擾，只需要出現在他們的朋友圈中即可。

10

付出法則

「如果你真誠地去幫助別人，必然也同時幫助了自己，這是人世間最美麗的報償。」

——十九世紀作家和哲學家愛默生

在我準備從金融業轉行自己創業時，我參加了哥大女校友商業聯誼會（Columbia Women in Business）的會議，並旁聽了關於創業的小組討論。當時我對「創業」感到畏懼，但我對小組成員艾美特別感興趣。她已經成功創業，其業務架構和服務與我的計畫非常相似。此外，艾美在小組討論中談起自身的經驗時，口齒伶俐，滔滔不絕。我立刻對她欽佩不已，想和她談談。

我沒有在會議結束時和其他人競相擠在講台前，而是找她吃午餐，熱情地告訴她我對她的職涯規劃和工作內容印象深刻。她笑了一笑，說聽到這樣的讚美非常榮幸。在接下來的時間，我們聊了她在創業時面臨的挑戰。

午餐結束時，我對她和她所做的一切感到更加欽佩，我決定抓住機會，問她之後是否願意一起喝杯咖啡，繼續我們的談話。她建議我們改約共進午餐。一週後，我們在一家餐廳裡坐了三個小時，她把自己的寶貴經驗和建議傾囊相授。我問她如何開始創業，她的回答令我終生難忘。她說：「我只是掛上招牌，大聲說：『開始營業囉！』」她的話使我鼓起勇氣創業。

我非常感謝她慷慨抽空、無私提供深刻的見解，我沒有想過自己可以怎樣回報她的幫忙。在那次午餐之後，我們每年都會聯繫幾次，儘管我從來沒有找到方法來回報她的人情，但她一直是我的榜樣，激勵著我幫助他人。我想她甚至不知道，她僅憑那一次談話，就對我的事業產生了重大的影響。

我的祖母能夠用一句話就讓人內疚，她操著濃濃的意第緒語口音，喃喃自語：「唉，我為你們做牛做馬。」她會翻著白眼，暗示她為我們做的事情始終比我們為她做的還多。但是，本章採取完全相反的態度，我希望大家思考，「**我能夠為別人做什麼？**」

提升好感和促進人脈連結最有力的方法之一，是表現出我們了解他人的需求，並樂於幫助他人滿足需求。藉由我們從其他好感法則所學到的知識，我們能運用創造力，擴展我們提供給別人的價值，以直接對他們有用的方式為別人付出。

我會幫你……

通常下一句話是，「……如果你也幫我。」然而現實情況是，幫助別人有很大的價值，但單純是因為你想做，而不是因為你期望得到任何回報。這就是**付出法則**：因為你能做，所以先付出，付出能創造價值。這並不一定意味著要付出極大的努力，或做出聲勢浩大的舉動。即使在微不足道的地方付出，你也在釋出訊號，認為對方值得你付出，你想幫助對方。

有時候不難看出你可以從哪些方面幫助他人，但其他的時候就不那麼明顯了。尤其是面對比你資深的人，更不知如何著手。但是每個人都需要幫助，並且會心存感激，所以不要低估你能給別人帶來的價值。

幾年前，有一位共同的朋友把我介紹給詹姆斯，他是一家公司的高階主管，主要客群是高中生。由於我想為青少年舉辦一系列技能講習課程，詹姆斯便和我共進午餐，討論他公司是否適合提供這些課程。我們很快就一致認為，我的課程並不適合與他的公司合作。但我們的談話仍然帶來很多收穫，並繼續從宏觀趨勢、具體細節等不同層面，討論商業上的挑戰。

無論是收入還是職業成就，詹姆斯都比我成功得多，但是我認真聽他介紹他的工作內容，並付出額外的努力來採取後續行動。我發現自己有能夠協助他的地方，所以我提供了我任教大學裡的電子黑板網站，並寄送了我認為可能有用的書單。我想向他證明，我理解他告訴我的事情，也有能力提出解決方案和資源，並且認為他的事業值得支持。我所做的事情沒什麼大不了的，但能表示我重視我們的討論內容和他的工作。

與我從事教練工作的同事譚雅有一個很棒的故事，她從企業界轉型到成立自己的教練和培訓師業務。她經常出差，由於工作的需求，她常需要聘請獨立培訓師來進行異地培訓。在多次與這些接案人員合作，並仔細觀察他們之後，她察覺自己也可以有效地進行這些異地的課程，就不需要再支付高額費用聘請其他培訓師，所以她想試一試。

她與當時的老闆談論此事，對方不遺餘力地支持她，派她參加教育研討會，發展她的技能，讓她有機會舉辦公司內部的訓練講習。她的老闆仍然希望譚雅能夠處理原本的工作，但他想讓她保有拚勁和做得高興，所以他決定，如果她身為團隊成員，又想學習新技能，他要確保她可以全力做到好，所以創造了可以支援的辦公環境，讓譚雅知道他真的在支持她。

譚雅最終在公司內部的訓練課程中表現出色，並且非常喜歡這項工作，因此她離開原本的公司，開創了自己的事業，而她的前任老闆成了她最大的客戶之一。

為別人做事，慷慨地給予支持和時間，這些都是討人喜歡的特質。而這樣也能促進熟悉度法則，讓人們記住你，有理由與你保持聯繫，並繼續推進雙方的關係。

在第八章中，我說過在結束對話之前，有兩件事你要做：讓與你談話的人感覺很好（情緒記憶），並創造後續行動的機會。而伸出援手是最佳的後續行動，它也為後續聯繫鋪路。每次互動時，你們都會增加熟悉度和相似處。因此，付出法則是強化其他好感法則的有效方法。

創造價值，比想像中簡單

有很多方法可以為別人提供價值，每個人都有可以提供的東西。無論是給人建議、創造有意義的互動機會，還是提供回饋和支持，我們都可以尋找回饋的機會，來實踐付出法則。在面對問題時，人們往往採取以前驗證過的方法，這在某種程度上是有效的：如果某種方法在過去有用，那麼它在未來也有可能再次證實有效。但是，只死守這些經過充分試驗的方法，會使我們的看法變得狹隘，限縮自己能為他人做的事情。也許我們覺得自己好像沒有時間付出更多的努力，或者我們不知道這樣做是否合適。但透過擴大我們的視野，並根據情況探索不同方法，我們可以明白，付出是永不止息的過程，並且在職涯的各個階段都會使我們受益。把握能幫助別人的機會，我們可以認識到各種付出的方式，不論付出的程度或大或小，付出都能為我們的人際關係增加價值。

主動牽線，將人脈資源整合

我一直很會替人牽線。一見到某人，我就會開始思考有沒有其他我認識的人，是這個人也會想結識的。而把大家聚在一起時，我會把所有法則化為行動。首先，我很好奇；然後，我專注地傾聽；接著，只要我察覺出雙方有相似處，我敏感的神經就開始啟動。我與某人交談時，我的腦袋裡就會想可以把對方介紹給我的哪個朋友，我心裡會想，「我認識一個人在那家公司工作過」，或者「我有朋友參加過輔導課程」，或者「我認識你這個領域的某個人，他也剛搬到這個地區」。接著，人脈的連結點會繼續展開。

但在我要引薦之前，我一定會問他們是否願意被介紹給別人，因為我只想在雙方都有興趣的情況下進行介紹（我將在本章後面的〈成為能提供建議和協助的人〉一節中，詳細說明這個主題）。我還察覺到，引薦會影響介紹人的形象，並肩負著介紹人的名譽。如果同事認為我和另一個人之間有產生連結的機會，所以把我介紹給某人，我一定會在介紹過後，通知介紹人我與對方關係的進展。不管是出於何種善意的理由，把兩個人聯繫起來，你就是在運用熟悉度和付出法則，並創造有意義的互動機會。

從共同點出發，發出活動邀請

誰不喜歡被邀請參加派對？發出活動邀請是你可以為別人做的最簡單的一件事情。想想你們的共同點，例如興趣、背景、人脈關係，然後尋找機會讓對方參加與你們共同點相關的事件或活動。

提出「為對方設想」的邀約

每年，我都會參加哥大女校友商業聯誼會，這是我在本章開頭提到的會議。我花一天的時間來參加這個會議，覺得非常值得，講者的談話很吸引人、主題很適時。而且一天下來，真的很有趣。但最重要的是，這個會議很振奮人心。畢竟，數百名的專業人士齊聚一堂，大家都想幫助其他人，你身處當中一定也會感到振奮。與會者大多是女性，但令人驚訝的是，每年都有愈來愈多的男性發現這個活動的價值，他們的熱情參與，進一步增加了「建立有意義人脈連結」的機會。當然，我也想與其他人分享這個活動，包括本書的讀者，請掃描以下 QR Code，獲取更多訊息。每年會議的日期一公布，我就會發送電郵給我認為會有興趣的人。到目前為止，總是有人會加入我的行列，我很高興能夠向人們介紹這個會議的價值。

會議只是你可以發出活動邀請的其中一例。如果你所屬的俱樂部、團體或組織允許非會員參加，那麼這是考慮邀請別人參加下一次聚會的絕佳機會。我的前同事弗雷德里克愛好冒險，他參加了極限運動愛好者俱樂部，該俱樂部安排旅行去泛舟、高空彈跳和洞穴探險。而新員工湯尼加入我們的團隊時，弗雷德里克發現他有類似的興趣，他立即把俱樂部的連結轉寄給湯尼。這是簡單的舉動，但它給湯尼一個機會做他喜歡的事情，也讓他感受到我們團隊歡迎他加入，並顯示出弗雷德里克很友善和願意接納同事，這很快為他們之間的穩健溝通和信任奠定了基礎。

有許多活動可以提供進一步聯繫和擴展人脈的機會。我向來都很高興聽到與我的工作有關的研討會或講座，我也經常邀請其他會感興趣的人參加我在做的志工活動。在我搬到新的城市後，我很高興受邀參加一個婦女之夜的聚會。那是有趣、完全輕鬆的活動，提供機會建立各種新的人脈連結。

你分享給別人的活動甚至你不一定會去參加，它們可能只是你剛好看到、認為對方說不定感興趣的事情。當然，不要寄一大堆信到別人的電郵信箱，也不用邀請你認識的每個人參加你聽到的所有活動。要讓你的邀請符合個人需求，表示你有特別為對方設想。

發起社團，人脈圈靠自己主動創造

二〇〇〇年代初我第一次參加哥大女校友商業聯誼會時，我正從金融業轉型到現在的職業。當時見到這麼多女性，她們有的已經在我的新領域立足，有的跟我一樣處於轉型的早期階段，有的則介於兩者之間，這讓我感到非常振奮。我甚至建議我們成立非正式的同伴指導小組，來互相幫助。於是，我向遇到的四位女士發了電子郵件，談了這個想法，確定了日期。結果當中只有兩位能赴約，我當時幾乎要取消這個活動。

回想起來，我很高興我沒有取消。第一次會議只有三個人，坐在書店的咖啡廳裡，也沒有討論的議程，我們只是分享了自己正在進行的工作。一兩個月後，我再次嘗試讓原來的五人小組聚在一起。這一次，每個人都能來，大家都感到這次聚會充滿活力，然後開始定期聚會。隨著我與新領域中愈來愈多的人建立起聯繫，我擴大了聚會的邀請名單。最後，我們從書店轉移陣地到我的公寓，舉行了我們的第一次「正式」會議，有十多名女性參加，標示著我成立了一個社團。

漸漸地，這個小組變得很大，大到聚會地點又改了。我們在雅虎上建立了一個小組，以便在線上集體分享我們的資源、活動、書籍和聯繫訊息。現在則是改用LinkedIn來互通有無，有超過五十名女性參與。每名成員都是由既有成員親自邀請加入我們的網路，我們這個非正式協會已成為互相支持和幫助的絕佳管道。

而你可以根據任何共同的興趣來成立社團，專業或個人的嗜好都可以。比方說，讀書會、投資俱樂部和打牌之夜，都是與志趣相投的人建立人脈連結的絕佳理由，並邀請其他人與你一起形成人脈圈。

主辦聚會，打造人脈

我的同事賴利每月安排一次午餐聚會，他從一群核心業務夥伴中輪流邀請人參加。每個人都自付餐費，賴利與餐廳商量好菜單，這樣費用就會合理而且可以預期。而這類聚餐向來是很好的機會，可以認識你所在領域的新朋友、與熟人敘舊，並創意地思考可能的合作機會或分享資源。

業界午餐只是讓人們參與共同活動的一種方式。想一想你的人脈中的人會對什麼感興趣，然後規劃活動讓他們建立連結。例如，發起一堂由當地廚師指導的烹飪課，或邀請你認識的財務規劃師舉辦研討會。這樣的活動不需要花費太多時間和精力，但回報卻很可觀。

我的鄰居邦妮是家長會前會長，也是一名高二生的媽媽，她與我們當地學區的負責人交涉，希望能建立升大學的準備課程。由於學校的預算削減，所以無法為新的計畫提供資金，因此邦妮的處理方式是在她家為學生準備大學面試的講習。她聯絡了家長，安排了一群學生到她家聚會，並邀請我來主持講習。這次活動隨後引發了成果豐碩的討論，學生獲得了寶貴的面試技巧，最後引起了家長的興趣，並希望擴大這個計畫。

對方有興趣嗎？成為「轉發」達人

瑪姬是一家知名博物館的培訓主管。我們是透過一個共同的朋友介紹認識的，但兩人之間的共同點並不是很明顯。她比我大很多，從事的行業也是我不太了解的領域，而且她有點沉默寡言，在談話中不太會分享太多的個人資訊，並保持嚴肅的公事公辦態度。

就在我準備在博物館舉辦凝聚團隊的研討會之前，我得知我的兒子患有嚴重疾病。我想瑪姬從我的聲音或肢體語言中察覺到了什麼，因為她問我還好嗎。這個消息讓我不知所措，以至於我根本沒有意識到到底跟她解釋了多少苦楚，我只是把心中的話全都說出來了。我很感激當時有人在場，願意傾聽我訴苦。

我沒想到我的傾吐會讓她也吐露自己的事。原來，瑪姬的兒子也有嚴重的疾病，嚴重到她的兒子在十五歲時，生活完全無法自理，需要全日照料。這太令人震驚了，她的故事讓我停了下來。她說，她告訴我這些並不是為了讓我感覺比較舒服或比較悲慘，只是想讓我知道她都懂。多年來，她一直在處理兒子麻煩的醫療問題。

她的坦誠讓我心情穩定下來，使我能夠重新專注於研討會，並穩健地完成任務，但更重要的是之後發生的事情。瑪姬開始寄給我文章和資訊，以幫助我應對我和家人現在面臨的挑戰。隨著我更了解她的情況，我開始思考我在哪些方面可以幫助她。我們分享了策略、相關新聞報導和最新的醫療消息。出於關心和理解，我們之間存在著真正的互惠關係。不知從何開始，我們都意識到，我們已經成為對方信賴和重視的朋友，儘管我們繼續合作，但我們的關係已經不僅止於工作層面，更是互相的關係和友誼。正如我總是說，我想和我的朋友一起工作，而這正是我和瑪姬的情況。

在談話的過程中，你可能會聽到對方真正感興趣的事情。因此，後續與對方聯絡時，你有絕佳的機會，可以轉發他們會感興趣的連結或訊息。即使在談話過程中你沒有想到什麼，也可以在他們的名片背面，或用你的手機通訊錄程式，在他們的名字資料檔中記下他們的興趣。這使你可以把這些資訊收藏起來，直到你確實聽到他們感興趣的東西。或者，如果你想更主動一點，可以花點精力去尋找說不定有用的東西，可能只是很簡單的網路文章或一些書名。花五分鐘從你的人脈中打聽消息，以獲取對方認為有用的意見或資源。

需要注意的是：要了解對方。雖然這是常識，但值得一提。畢竟，一個人認為有價值的東西，對另一個人而言可能是垃圾郵件，所以只轉發那些對方真正會感興趣的訊息和連結。

成為能提供建議和協助的人

對許多人來說，請別人幫個小忙很難啟齒，但主動協助他人卻很容易。尋求建議也是如此：我們向自己欽佩的人請教，卻低估了自己能夠傳授給別人的智慧和見解。然而，每個人都有知識、技能、經驗和獨特的觀點可以提出。分享這些見解可以擴大人脈圈交流的範圍，並讓我們有機會加深與他人的關係。即使你的事業才剛起步，你也有寶貴的觀點和建議得以分享。而年紀較長的同事通常對年輕一代的觀點感到好奇，他們可能也很想聽聽你的意見。

以下這些例子是我最近協助他人的事情。在列表結尾，請填寫至少三件你為他人做過、或可以做的事情。接著，想一想你的生活圈和同事圈，再添加三個給人的建議或幫助。

- 向同事發送公關資訊。
- 回答與我的專業領域相關的問題。
- 給同事提供了服務費用的建議。
- 把潛在客戶推薦給朋友。
- 與對金融業、培訓業和創業方面感興趣的同事，討論這方面的事情。
- 跟朋友的孩子談論自己就讀的大學和任教的大學。
- 送出我的孩子已經用不到的衣服、玩具和書籍。
- 邀請別人與我一起參加僅限受邀者參加的活動。
- ______________________________
- ______________________________
- ______________________________

幫個小忙和提供建議是你應該不求回報的事情，但是態度要謹慎。只有在別人願意接受協助的時候，你給予的幫助才能發揮作用。請注意，你對別人的幫助可能變成別人對你的幫助，這種情況經常發生在人們互相介紹朋友認識的時候。例如，只要我遇到有人想要轉行到對沖基金，我都會聯繫我的朋友戴洛，他一直都在這個領域。戴洛總是很樂意與我介紹的人交談，但他這樣做更多是為了幫助我。

努力運用你所掌握的資訊和資源，幫助人們建立連結，但請注意你幫人牽線的方式。不要向同一個值得推薦的人介紹太多新朋友，這樣反而會讓對方幫忙你的意願降低。介紹雙方認識的目的是要創造價值，而不是濫用別人的好意。

同樣的，給人建議時，也要考慮對方的感受，不然可能會讓人覺得你愛管閒事，或愛指使別人。比方說，我的朋友莎莉去另一個朋友法蘭那裡上班，雖然她和法蘭已經認識一段時間，也都是朋友，但他們在辦公室卻發生矛盾。在莎莉上班的第一週，法蘭對她要如何適應環境，提出了很多建議，指出哪些同事很討厭，哪些同事是優秀的團隊成員等等。法蘭只是想幫忙，但莎莉覺得自己在辦公室裡的行為舉止，以及與誰來往，似乎馬上受到限制。如果她與法蘭並不特別喜歡的人來往，她會覺得自己對法蘭不忠誠，所以他們之間的氣氛變得很緊張。兩人花了一些時間才逐漸適應在一起工作，並讓他們的友誼重回正軌。

這個故事的經驗教訓是：感到不確定時，**要徵求對方的同意**。只需詢問對方是否想聽聽你的建議，例如「你想聽我的意見嗎？還是現在不適合？」或「你想聽我的建議，還是你只是想說出心裡的話？」

實踐心法

掌握「利他人脈學」

制定行動計畫，來實踐付出法則。根據前面的章節，請特別紀錄下來你**要做的事**、**為誰做**，以及**何時**會完成。在每個類別中至少寫下

一件你要做的事，並選擇不同的實施對象。接著，開始行動。

行動計畫

建立人脈

執行者：＿＿＿＿ 對　象：＿＿＿＿

原　因：＿＿＿＿ 時　間：＿＿＿＿

提出邀請

參加的活動：＿＿＿＿＿＿

對　象：＿＿＿＿ 時　間：＿＿＿＿

分享資訊和文章

內　容：＿＿＿＿＿＿

對象：＿＿＿＿ 時間：＿＿＿＿

幫個小忙，提出建議

事情：＿＿＿＿＿＿＿＿

對象：＿＿＿＿ 時間：＿＿＿＿

慷慨助人的善意會「傳染」

一旦你不求回報，為他人付出，你的好感度不僅會上升，還能幫助到人，而且幾乎每次都有意想不到的收穫。例如，我熱愛旅行，所以我與別人的談話經常圍繞著最喜歡的度假地點。若有人要去我探索過的地方，我總是樂意分享經驗。而在談話結束後的後續聯繫上，針對他們提到的度假勝地，我會提供參考資料，或轉發我認為他們會有興趣造訪的景點的文章連結。有時，我甚至會把看到的評論一併寄給他們。這更激起我探索新地方的渴望。

在我與高階主管詹姆斯的一次談話中，他向我提到，他所開發的專案面臨了技術問題。我雖然不是高科技專家，但我丈夫肯定是，於是我打電話給麥可，說明了詹姆斯想要完成的事情，並從我先生那裡得知了解決方案，然後我很高興與詹姆斯分享這些獨一無二的觀點。我不僅為他節省了精力，傳遞有用的資訊，而且在過程中我也學到了東西。這是雙贏的經驗。

還有一些時候，由於你曾心甘情願地付出，你會意外地發現自己成為得到幫助的那一方。在我遇到詹姆斯一年多之後，我們再次有機會交談。這一次，我向他說明我的商業計畫。最重要的是，這意味著我有機會向一位精明的企業家闡述這個點子。詹姆斯回答說，我準備好推行這個主意時，他很樂意提供幫助。我沒想到他會慷慨伸手援手，並為之深深感動，而這正是付出法則的一環：如果你有心幫助他人，他們往往會想要回報你。你的付出，會讓接受者更樂於付出，最終大家互相成長，關係也變得更穩固。

誠實地面對自己的意圖。如果你確實期望付出會得到回報，那與不求回報的付出是不一樣的，所以不要假裝你不求回報。在某種程度上，別人會察覺到你的動機。要想真正善用付出法則（以及有所回報），前提是你必須真心不求回報。

把善意傳下去

本章以艾美的故事開篇，艾美是我的榜樣，她讓我知道什麼是不抱期望地替別人付出。我記得我和艾美在一起時，我付了午餐的費用，因為她如此慷慨地與我分享她的見解和經驗，這是我起碼能做的事，而且我從談話中獲得了大量的知識。我記得我感覺好像永遠無法回報她這麼慷慨地傾囊相授，老實說，我到現在仍然有這種感覺。

為了回報她的好心和慷慨，我能做的就是效法她的付出。只要有機會，我就把善意傳遞出去。若有人向我尋求幫忙、建議或請求占用我一些時間，我幾乎都會毫不含糊地回答：「可以。」我心甘情願地付出，並盡可能地付出。艾美促使我走上這條慷慨的道路，讓我懂得「好心有好報」。即使我們的努力看似徒勞，但保持耐心也有助於我們了解，我們所做的事情從許多方面正向地影響自己和他人的人生。在第十一章中，我們將探討耐心法則。

要點整理

付出法則：主動付出。能夠付出，是因為你有能力，付出能創造價值。

為他人創造價值：慷慨付出的方法百百種，包括替他們介紹有益的人脈、多邀請人來參加活動或聚會、分享資源、幫個小忙或是提供自己的見解。

你也有能力助人：主動判斷能如何幫助你身邊的人，再制定詳細的行動計畫，列出你想幫忙的**事情**、**對象**，以及進行的**時間**。接著就著手進行吧！

種什麼因，得什麼果：雖然在付出法則之下，你不一定每次都會獲得明確的回報，但只要多慷慨付出，肯定也會從中受益。

把善意傳下去：持續付出，將你從他人身上獲得的善意和慷慨傳遞下去。同時，主動無私地幫助他人，讓付出的正向循環持續運轉。

11

耐心法則

「擁有出色耐心的人，可以駕馭一切。」

——十七世紀政治家喬治·薩維爾（George Savile）

一年多前，我收到了亞倫的電子郵件，他是一家媒體公司的學習和發展計畫的主管。他正在找人來舉辦一系列的培訓研討會，而我以前在紐約大學的學生向他推薦了我。亞倫向我簡單介紹了他想要的東西，之後我整理了一份提案寄給他，但他的目標改變了。我們集思廣益，想出了更多的可能性，我準備了另一份提案，但他的部門仍未準備好批准這項計畫。我仍然三不五時與他聯繫，並告訴他可以尋求我的幫助，他也確實這樣做了。他經常與我聯繫，詢問有關培訓公司、其他獨立的培訓師、主題、費用和業界資源的問題。我向他提供了建議，並推薦了幾間培訓公司，這些公司的服務項目包含了我的公司「領導關鍵」（Executive Essentials）沒有涉獵的領域。不過，每次他想到新的培訓方向時，我都會出現在他名單上，他會向我尋求提案。

在我草擬了第三份服務提案後，我們仍然沒有簽下合約，當時已經到了很多人都認定這個客戶談不成的地步。老實說，我真的不認為亞倫的公司會成為我的客戶，但這並不妨礙我快速回應他的問題。憑著耐心，不抱期望，以及希望繼續建立關係和盡可能提供幫助，我成為了他在許多情況下的首選對象。有一次他向我詢問他正在審查的供應商，但我對這項業務並不熟悉，所以我把供應商的名字傳給我的人脈，並與他分享我收到的回饋。

在經過六次的提案和十二個多月後，他又向我徵求提案。而這一次，我得到了這份工作。在這個例子中，第七次才成功。

人們說，耐心是一種美德。這對某些人來說可能很自然是如此，但對我來說肯定不是。要有耐心對我來說很難，但它也帶來了驚人的價值。耐心會在很多方面帶給你回報，這就是為什麼耐心是本書最後一章的主題。

有些人在讀到亞倫的故事時可能在想，「算了吧，要是我早就放棄那個潛在客戶了。人生很短，不能無償付出這麼多努力。」鑑於這種情況，終止關係，並減少我的損失似乎很合理。但是，如果我當初這樣做了，我就永遠不會獲得這位我現在經常合作的客戶了。

歸根結柢，你必須做你感覺對的事情。我不是充滿樂觀精神的人，所以我不會相信每個人都很好心、本意良善，但是我確實相信大多數人都立意良好，所以我選擇相信人們最好的一面，直到他們給我不相信的理由。你讀到本章時，請拋開任何急躁、妄下結論或對情況做出負面解釋的傾向，至少在讀本章時，請保持耐心。我們在閱讀的時候往往容易闔上書本，把注意力轉移到別處，變得沒有耐心。因為比起耐心，這樣不用付出那麼多的努力，但這可能是一個自我實現預言，你恐怕會因此限縮了自己。

付出時間，終有收穫

年輕時，我學會了拉丁文「quid pro quo」，直譯是「以某事換某事」。而在我職涯的最初階段，我試圖遵守這個準則。如果有人為我做了什麼，我知道對方會期望得到回報。我以為我是在遵守平等原則，這對我來說不僅合理，而且看起來很公平。過了一段時間，我才意識到，並不是每個人都遵守這種公平原則。我發現自己在想，我的善行良舉何時會得到回報。

我記得有一位同事叫陶德，我們剛開始共事時，他曾請我幫他一些忙，我也很樂意幫他。不過，很快我就意識到，這只是我單方面的付出。我漸漸對他感到厭煩，對待他的態度也有點不滿了。我甚至開始迴避他，因為只要待在他身旁，我就會感到緊張。他不懂我為什麼要這樣對他，當時我自我察覺的能力也不足，無法辨別出我會這樣的原因。

現在回想起來，我能明白當時的我覺得不被尊重，並把他沒有互惠的舉動解釋為他占了我的便宜。我的不耐煩和期望妨礙到了我，我們的工作關係也惡化了。然而，在我與那家公司的離職面談中，我得知陶德向他的經理強烈推薦我。先前我想參與一個專案跟他經理的客戶有關，陶德知道後還替我說了好話，只是這件事我都不知道。我在想，如果當初我沒有一直在想「我的好處呢？」我的職涯和我與陶德的關係可能會有所不同。

我學到要拋開期望。我並不是指，「沒有期待，就不會受傷害」，完全不是。拋開期望並不是為了降低你的感受，這樣你就永遠不會失望，而是要讓你擺脫等待期望實現的負擔。你要考慮的事情已經夠多了，所以把期望從你的清單上刪除掉吧。耐心會產生結果，這就是**耐心法則**的精髓：付出時間，終有收穫。當然，你的結果可能不完全是你**所期望的**，事情也可能不會在你期待**的時候**發生。事實上，正如我從陶德那裡學到的經驗，你甚至可能根本沒有注意到已有收穫。

廣結善緣的回饋力量

我本來要把這一節的標題定為「你怎樣待人，別人就怎樣待你」，因為我相信，如果你在人際關係中無私地行事，假如你是為對方，而不是為了自己，那麼這些行為就會帶來好的結果。有時，你互動的成果很快就會顯現出來，就像一次的談話變成一個人脈，然後變成一份工作。其他時候，回報可能會在未來幾年突如其來地出現。但老實說，有時候什麼都沒有發生，不過那也沒關係。

在第九章中，我告訴過你關於馬克的事，他很擅長讓人們對他印象深刻。他定期舉辦熱絡的午餐聚會，找來了各行各業的人聚集在一起，包括許多記者和媒體專業人士。這些午餐聚會是馬克回饋他人的方式：透過把所有在他的職涯中重要的人員聯繫起來，他為大家創造機會，讓他們互相建立起有意義的工作關係。而且他發現，在他開始舉辦午餐聚會後不久，不僅他的專業圈子裡的人彼此形成了強大的人脈連結，而且這種人脈連結產生了漣漪效應。甚至有一次，他接到了他不認識的記者打電話來，要求採訪他，馬克似乎是被他的媒體同行友人介紹給這位記者的。

以下是我最喜歡的例子，說明「善有善報」屢屢在生活中上演，故事是關於我的同事藍迪。五年前，我在紐約大學輔導學生時遇到了她。她也是一名教練，而且精力充沛。我們交換了各自的背景資訊。之後，藍迪得知我正在進行一個特定專案，她非常大膽地問我，是否會幫她與那名客戶聯繫。我必須承認我對她這麼唐突的請求有點驚訝，但我牢記我的原則：一定要進行對話，保持開放和好奇心，並盡你所能去做。我總是樂於助人，但我也很謹慎，確保我的引薦對雙方都有利，因為你介紹的人影響你的聲譽。透過介紹某人，你是在延伸你對這個人的信心，認為他值得別人認識。但因為我還沒有真正認識藍迪，所以我不確定這麼快替她和我的聯絡人牽線是否正確。我回答說：「我很樂意和妳多談一些，進一步認識妳，看看我能提供什麼幫助。」

不久之後，藍迪和我共進午餐，我得知她過去實際上為這名客戶服務過，但由於公司的人員流動而失去了與客戶的聯繫。午餐結束時，我對她說：「因為我從未看過妳的工作表現，所以我做不出評價。但我能做的是，我很樂意把妳介紹給合適的人，讓他們知道妳過去曾為他們服務過，並補充說妳和我是如何認識的，然後接下來就交給妳了。」藍迪似乎對這個建議非常滿意。

在那之後，她定期寄電子郵件給我，告訴我她與客戶溝通的最新情況，我們也繼續互相了解。我邀請她加入我創立的人脈小組，她成為了積極的參與者。有一次會議上，她跑過來，迫不及待地感謝我。「謝什麼？」我滿頭霧水地問她。她興奮地告訴我，那個客戶剛剛聘請她進行一個大型專案。儘管我只貢獻了一小部分，但她認為這完全是我的功勞。我當然很高興這對她有幫助，然後就確實沒有多想了。

四年後，我要在時間非常趕的情況下，設計一個活動節目，並且需要有人幫我快速整理資料。我向我的人脈小組成員發出了緊急求救的訊息，而藍迪仍然是小組的一員，她在幾分鐘內就回覆我，而且她對這個主題很了解，甚至願意重新安排她的行程來和我討論。她寄給我一大堆文章，我們見面時還拿了一本書給我，給了我很多很好的建議。這段咖啡時間談話花了十五分鐘，但我獲得的是數小時的價值，這就是耐心法則發揮了作用。多年前，我讓藍迪與客戶聯繫時，我從未說過、暗示過，甚至沒有想過「妳欠我人情」，而且我也不覺得當時她會認為自己欠我人情。但等到她可以付出時，她就幫了我一個大忙。

長期以來，付出法則回饋給我很多東西，這方面我有太多故事可以講了。也許最精彩的一個故事，是一個名叫齊克的人與我聯繫。他在一家對沖基金工作，正在找人替基金董事舉辦培訓課程。我問他，是誰向他介紹我，他透露說自己實際上是從人力資源論壇上得知我的名字，但不記得發表評論者的名字。我們後來合作了很多工作。直到今天，我都不知道該感謝誰，幫我爭取到我最大的客戶之一。另一個故事我就知道該感謝誰了。當時，我接到了大都會藝術博物館和林肯中心爵士樂廳的電話。原來是瑪姬推薦了我，她與我在另一個知名博物館的培訓項目共事過，因為我們兒子的健康狀況而結緣。而那兩家文化機構的培訓同行請她推薦人時，她立即推薦了我，儘管我從未要求她介紹客戶或提供潛在客戶。

我的心態從未偏離耐心法則。畢竟，你永遠不知道好事什麼時候會發生，但只要有耐心，好事**終會**降臨。

善意的複利威力

如果你心裡仍有一部分無法捨棄「等價交換」的概念，那就把耐心法則視為「把善意傳下去」的延伸。有時候，你的付出不是回報到你身上，而是轉移到別人身上。你為某人做某事，而接受你善意的人反過來也對其他人做好事。

艾美的慷慨仍然讓我非常感激，我在哥大女校友商業聯誼會上遇到她後，她就給了我很多關於創業的智慧。在初次見面之後，我們甚至沒有太多的後續聯繫，不過就是一頓非常有成效的午餐，時不時地打了一些電話和偶爾電子郵件的來往，但她願意如此大方地幫助我，對我產生了莫大的影響。幾年後，我發揚了這種精神，回饋給其他剛剛起步的企業家。我向大學的學生企業家團體演講，安排了電話會議，五年內，我可能會見了一百多人。艾美從來不知道，是她激勵我以這種方式付出，而且她也沒指望她的慷慨會得到回報。

在我發展業務的過程中，有許多人願意花時間給我建議、協助我和教導我，而艾美就是其中的第一人。他們對我的慷慨和恩惠已經反過來讓其他人得到好處，因為我一直在為身邊的人付出時間、建議和協助。你可能不知道你的付出如何啟發或正向影響其他人，但你要有信心，你在世上所付出的善意會加倍成長。

別對「機會」失去耐心

儘管我深受艾美慷慨精神的影響，但我覺得我永遠沒有機會直接報答她為我做的一切。在寫這本書的最後章節時，我腦海中也一直想到她。有一天，完全出乎意料，我遇見了她！我簡直不敢相信。我和朋友坐在咖啡廳裡，一個當時我沒有立即認出的女人走到我的桌旁，跟我的朋友打招呼。我的朋友介紹我們時，我們很快就知道彼此早就認識了。

竟然就在那恰恰好的一刻，我遇到了她——這位不知不覺在我的事業中扮演如此關鍵角色的女人，這太夢幻了。「我才剛寫到妳的事！」我興奮地脫口而出。艾美困惑地看著我，我向她解釋了付出法則。她淡定地表示，她對「付出」的想法和我如出一轍，把手一攤，做了個「老娘就是這樣」的手勢，並解釋說她做事時，從未期望自己會得到任何回報。

即使在我們的另一個朋友離開後，我和艾美仍然像兒時的朋友一樣聊了一個多小時。我們從中斷聯繫的地方繼續聊，談各自生活中發生的好多事情。她告訴我，她剛剛應徵了一份工作，碰巧那是我多年以來一直合作的組織。終於，我**總算**可以為她做點什麼了。我們安排了午餐約會，討論我們可以互相幫助、甚至合作的種種方式。

一回到家，我就打電話給該組織的負責人，詳細了解艾美應徵的職位，然後寄出我替她寫的書面推薦信。我還轉傳了連結給她，上面都是該組織中她符合應徵資格的職缺。

一旦你開始實踐付出法則，你會渴望報答那些為你做好事的人。但是，耐心法則不僅僅是相信你所做的好事，會對自己或他人產生正向的影響。更重要的是，相信你會有機會回報別人的慷慨付出。就算你不能直接回報恩情，請將善意傳下去，並相信你很可能有機會，直接協助那些無私幫助過你的人。

就算你不能馬上以恩報恩，但有時日後報答的機會，比你想像的還要大、還要好。自從與艾美重新聯繫後，我不僅能夠為她介紹機會，並為她寫推薦信，還幫助她在兩大一流的組織中找到工作。雖然我也難以置信，但我竟也能在費用和客戶選擇方面指導她。

要有耐心。你可以付出的方式可能不會立即顯現，但終有機會的。

人脈不是速成的

在本書中，我們一直在研究建立關係。但事實是，你不會想與你遇到的每一個人都建立關係，這也沒什麼。不過我們也沒有必要過河拆橋，你可以單純選擇不要加深彼此的關係即可。但也要記住，友誼的成長是需要時間的。

我們都有自己喜歡的兒時玩伴，但我們知道，如果今天才第一次見到對方，大家不見得會成為朋友。這樣的現象在大人的世界也會發生，所以我們需要記住，有時候保持耐心是值得的。

對我來說，我和我姊姊艾普利的關係，是「友誼隨著時間成長」這個原則最有力的例子。即使我們是姊妹，兩人也非常不同。她身為設計師，擁有高超的天賦才能，可以把各種顏色、材質、材料和圖案搭配在一起，她曾獨自重新設計了她家中所有的房間，效果驚人。我沒有這些天賦，所以我布置自己的房子時，每一步都依賴她的專業知識。我擅長的是更為傳統的學術領域，是一些較不偏向藝術的領域。所以艾普利要寄出重要的書面訊息時，她會先讓我看過，聽取我在文字、內容、消息傳遞和語氣方面的意見。她往往有點雜亂無章，我則一絲不苟有條理。她熱愛並追隨時尚，而我對這部分從來沒有強烈的熱情。我喜歡冒險、驚險刺激的遊樂設施和野外求生，這三件事是她不會去做的。我們天生的長才和能力幾乎完全相反，但她始終了解我所想的事情和思考的方式，我們一直依賴彼此的獨特優勢和天賦。

時間和共同經歷是建立持久情誼的關鍵因素。我第一次見到蓋比時，我還在華爾街工作。我們是由共同的朋友介紹認識的，他認為我們會一拍即合。因為我跟蓋比念同一所商學院，而且在同一個領域創業。有了這些話題，我期待我們會很快成為朋友。

她來到我的辦公室談了一個小時，但她離開時，我反而感到失望，因為沒有任何共鳴。由於我們種種的相似處，兩人之間沒有任何情感聯繫，就好像一直認識對方一樣。我們的談話有點空泛，所以讓我感覺平淡無奇，那時我還沒有學會拋開對人們的期望。

由於雙方的利益在很多方面重疊，也有很大的合作潛力，我們計畫開一次後續會議。就在我前往第二次會面的路上，我想起了我十幾歲時，母親給我的建議。她常說，「給男人三次約會的機會。如果第一次不順利，說明妳今天過得很糟糕。假如第二次也不順利，說明對方今天過得很糟糕。要是第三次約會還不順利，那麼妳就知道妳給過了機會。」

在與蓋比的第二次會面之後，我仍然看到我們關係中具有事業上的潛力，但其他的事沒有多想。我們繼續進行一些共同的專案，而雙方業務和友誼之間的界限不知不覺地開始模糊。我不知道蓋比和我相處過幾次，當然，遠遠超過我母親說的「三次」之後，我才開始把她視為朋友。但她現在是我最看重的朋友之一，而且多年來一直如此。如果我沒有耐心，沒有對關係發展的機會保持開放態度，我不僅會錯過優質的商業夥伴，還會錯過一位很棒的朋友。

我也會錯過一個寶貴的經驗，無法與跟我不同的人建立深厚的關係。有時候這些關係可能會成為最穩固的情誼，前提是我們必須給予時間和機會來經營。儘管蓋比和我表面上有許多相似之處，但原來我們的風格截然不同。她性格內向，有種平靜的自信，喜歡安靜地思考。我是外向的人，也是分析型管理者，透過大聲說話來思考事情。因此，在熟悉蓋比的過程中，我必須調整自己的風格，這樣我就不會表現得過於強勢，也不會在彼此都不覺得親密時，強逼雙方覺得很熟識。

如果你對一段關係沒有耐心，你的行為可能會被解讀為咄咄逼人或太依賴人，這並不是討人喜歡的特質。畢竟，真正持久的友誼很少一蹴可幾，友誼需要時間和空間來成長。現在，遇到新朋友時，我會尋找彼此可以產生連結的方式和能建立關係的事物，而且我會輕鬆看待我與別人不同之處。點頭之交的關係固然是好，但我總是提醒自己，他們可能會在未來的某個時候變成重要貴人。記住，對人脈連結中的機會保持開放態度，並且一定要與人進行對話。

耐心，是你成功的本事

在我寫這本書的時候，我參加了一個會議，遇到了同行雪若。我們經常巧遇，但這一次，我們與其他幾個人交談時，她說：「蜜雪兒是拓展人脈的高手。」然後她看著我，問道：「好事又回到妳身上，對吧？」我提起了興致看著她，思考這個問題，然後說，「好事可能降臨到某人身上，我並沒有真的去計算。有時候，如果你為別人付出，他們也會為別人付出，這對我來說不要緊。只要大家繼續付出，我就很高興，我沒有在斤斤計較。」

耐心是本書的最終章節，因為所有法則都建立在耐心的基礎上。我們必須對自己和對他人有耐心，像是耐心地找到相似處、建立關係、建立信任和培養熟悉感。有耐心意味著選擇做一件事時，不期望得到回報。這代表，因為你有能力且想做，所以這麼做。耐心意味著知道、並相信在宇宙的某個地方，某個人或某個善意的理念因為你遵循好感法則，而從中受益。

要點整理

耐心法則：耐心等待，好事終會降臨。

回報的方式難以預料：你大概無法預期自己的慷慨行為能有哪些回報，也無法得知是否會直接受益。但這都不要緊，善有善報，有時只是回報的方式不那麼顯而易見罷了。

耐心等待機會：請對自己有耐心，我們永遠無法預料自己能在何時、或是以何種方式帶給他人價值。

友誼需要時間：敞開心胸、保持開放的心態，讓友誼有機會慢慢發展，不要操之過急。

結語

行動起來，人脈從建立好感開始

好感不僅是令人愉快的想法或應該留意的概念，也是待人接物的方法。重點不是要你去喜歡每個人，也不是讓每個人都喜歡你，而是建立有意義的人脈連結，加強你的人際關係、自我覺察與生產力，因為這麼做終究會帶來更好的結果。重點是，在互動中保持真誠，做你真正想做的事情，而不是你認為應該做的事情。

儘管第一條法則——真誠法則，是要永遠恪守的原則，但這不代表要以線性方式逐一實踐本書的所有法則。事實上，好感的所有法則都是密不可分、互相配合的。因此，請盤點你的職涯狀況、思考想要加強人際關係的方式，把心力放在目前對你最有用的法則。選擇其中一條法則，努力將其融入在你與其他人的互動中。一旦它成為第二天性，再選擇新的法則來運用。只要以開放和真誠的心態應用這些法則，你與人們的關係將變得更加緊密。

人們總是問我，「妳如何獲得客戶跟拓展業務？」所以我用這本書試圖回答這些問題。其實，在我完全理解好感的價值之前，我從來不知道如何來解釋。我曾經認為「好感」是一件挺美妙的事，但沒有必要太認真對待。但是，在紐約大學課堂上那次重大的經驗之後，我意識到，在發展有意義關係的過程當中，好感扮演關鍵的角色，它是建立一切關係的重要基石。

因為我實踐了本書的法則，所以我的業務得以成長。我不遺餘力地提供超出我所委任工作的價值，並且不期望自己會得到任何回報。我發現，與我建立了最穩固關係的客戶會不斷找我合作，而這些關係之所以能夠發展，是因為我們發現了彼此的共同點。我們一直積極主動地保持聯繫，因此會一直想到對方，而且還會談論工作以外的事情。我們單純就是喜歡對方，而且人們會與自己喜歡的人共事。

致謝

我首先要感謝我的丈夫麥可，沒有你，就不會有這本書。謝謝你不斷給予回饋、見解和信心，謝謝你成為我徵詢想法的理想對象、我最大的支持者和我最好的朋友，我愛你。謝謝我的孩子，詹姆斯和諾亞，謝謝你們讓媽咪寫作，謝謝你們經常打斷我工作，讓我得到了非常需要的休息。我感謝我的母親、父親和姊姊艾普利，感謝你們教給我的所有寶貴經驗，有些是書中有的，還有很多是書中沒有的。

特別感謝安．蒂瑪萊絲（Ann Demarais）對我的支持，出書過程中的每一環節，妳都慷慨付出了妳的知識、時間和妳自己，妳的經驗、觀點和指導非常寶貴。我感謝我的經紀人約翰．威利格（John Willig），感謝你對這個出書計畫的信念，感謝你明白、且向我解釋了出書過程的細節。

還有很多人對這本書給予幫助：戴夫・康提（Dave Conti）幫助我仔細思考這本書的架構和內容。萊絲莉・艾德曼（Lesley Alderman）的見解、補充和意見，使我在寫作時思路變得更清晰。我衷心感謝我的編輯梅根・楚樂（Meeghan Truelove），妳採用我的文字，使它們變得有趣，而且妳擁有超強的活力，能感染他人。

謝謝那些讀過草稿，並給我意見的人：蒂瑪萊絲、狄恩・魯賓諾（Dean Rubino）和麥可・萊德曼（Michael Lederman），你們的評論發人深省，非常感謝。謝謝蕾貝卡・羅德斯考（Rebecca Rodskog）和艾比・卡托尼（Abby Katoni），感謝妳們在整個過程中的持續支持。我必須感謝艾美・布魯姆金（Amy Blumkin），她在我職業生涯的早期啟發了我，直到今天也是如此。

我感謝所有在本書中出現的人，有些人我用的是真名，有些名字則經過修改，你們全都是我靈感和學習的泉源。

很多人問我為何選擇與AMACOM出版社合作，雖然原因有很多，但第一個原因是我喜歡編輯艾倫·卡丁（Ellen Kadin）。謝謝你，艾倫，感謝你的支持和耐心，尤其是你歡樂的態度。

人脈，從建立好感開始

The 11 Laws of Likability

作　　者　蜜雪兒・提利斯・萊德曼（Michelle Tillis Lederman）
譯　　者　黃庭敏
主　　編　呂佳昀

總 編 輯　李映慧
執 行 長　陳旭華（steve@bookrep.com.tw）

社　　長　郭重興
發 行 人　曾大福
出　　版　大牌出版 / 遠足文化事業股份有限公司
發　　行　遠足文化事業股份有限公司
地　　址　23141 新北市新店區民權路 108-2 號 9 樓
電　　話　+886-2-2218-1417
傳　　真　+886-2-8667-1851

封面設計　張天薪
排　　版　新鑫電腦排版工作室
印　　製　成陽印刷股份有限公司
法律顧問　華洋法律事務所　蘇文生律師

定　　價　480 元
初　　版　2023 年 02 月

有著作權　侵害必究（缺頁或破損請寄回更換）
本書僅代表作者言論，不代表本公司／出版集團之立場與意見

Copyright © 2012 by Michelle Tillis Lederman
Published by arrangement with HarperCollins Focus, LLC.
through BIG APPLE AGENCY, INC., LABUAN, MALAYSIA.
Complex Chinese translation copyright ©2023
by Streamer Publishing, an imprint of Walkers Cultural Co., Ltd.
All rights reserved.

電子書 E-ISBN
ISBN：9786267191750 (EPUB)
ISBN：9786267191743 (PDF)

國家圖書館出版品預行編目資料

人脈，從建立好感開始 / 蜜雪兒 . 提利斯 . 萊德曼 (Michelle Tillis Lederman) 作 ; 黃庭敏譯 . -- 初版 . -- 新北市 : 大牌出版，遠足文化發行，2023.02
368 面 ;14.8×21 公分
譯自 : The 11 laws of likability : relationship networking-- because people do business with people they like
ISBN 978-626-7191-76-7(平裝)
1. CST: 社交　2. CST: 人際關係　3. CST: 社會網路

541.8　　111021423